JEAN-LUC GATELLIER

LE LIVRE D'OR DU CYCLISME

1994

Préface de

LUC LEBLANC

SOLAR

Toutes les photos ont été fournies par Presse-Sports

ISBN 2-263-02243-0
N° éditeur : 2405

SOMMAIRE

Luc Leblanc est le 7e champion du monde français de l'Histoire
après Speicher (1933), Magne (1936), Bobet (1954), Darrigade (1959), Stablinsky (1962) et Hinault (1980).

L'ARC-EN-CIEL DE MA VIE

par Luc Leblanc

Champion du monde, c'est le rêve que tout gamin caresse lorsqu'il signe sa première licence. Je m'en souviens, j'avais 13 ans, l'âge des minimes. Bernard Hinault était devenu champion du monde quelques mois plus tard, à Sallanches. C'était grand, c'était émouvant et c'était inimaginable, pour moi, d'être un jour le premier Français à lui succéder. Pourtant, ce moment magique s'est produit le 28 août 1994, qui restera l'un des plus beaux jours de ma vie. Via della Vittoria, je me revois criant mon bonheur, agitant les bras dans tous les sens. J'étais redevenu cet enfant qui rêvait, mais celui-ci avait la force et les ambitions d'un homme, la rage de vaincre pour lui, pour l'équipe tricolore, et pour tout le public français. Ma joie, c'était la joie de ce dernier, car j'ai toujours voulu faire plaisir aux gens, leur distribuer des sourires et des autographes. Si ces petits gestes peuvent apporter un rayon de soleil dans leur existence, je serai un champion du monde comblé...

Ceux qui m'aiment, ceux qui me connaissent bien ou simplement ceux qui m'apprécient savent d'où je viens. De si loin. Un triste jour de l'été 1992, j'ai puisé dans mes dernières ressources pour atteindre le sommet de L'Alpe-d'Huez hors des délais.

Un soir de cafard de l'automne 1993, j'ai voulu mettre un terme à ma carrière. Au lieu de fuir mes responsabilités, j'ai choisi de relever le défi, avec le soutien de mon épouse Maria, et j'ai enfin pris conscience de mes capacités. Mais, pour cela, il a fallu travailler, travailler, travailler. Et chasser le doute, car un sportif de haut niveau est un homme fort et fragile à la fois : une mécanique de précision capable d'exploits héroïques, mais qu'un grain de sable peut enrayer. Lorsque le Tour est passé en Angleterre, ma jambe gauche me faisait souffrir, je fermais la marche du peloton et je songeais à abandonner. Je me répétais : « Non, Luc, tu ne peux pas faire ça. » Et j'ai résisté. La suite, vous la connaissez : la victoire d'étape à Hautacam, dans les Pyrénées ; la quatrième place à Paris ; le titre mondial à Agrigente, accompagné d'une pensée pour le Limousin de mon enfance et de mes premiers coups de pédales. J'ai porté le maillot jaune, puis celui de champion de France, enfin la tunique arc-en-ciel. Vous allez me trouver gourmand : pourquoi ne pas rêver au podium du Tour en 1995 et à la médaille d'or des jeux Olympiques d'Atlanta en 1996 ?

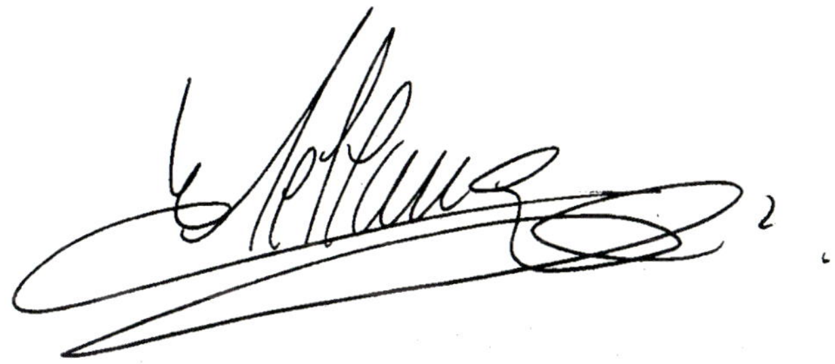

Champion accompli,
Miguel Indurain vise un quatrième maillot jaune.

A eux deux, ils «pèsent» quatre succès dans Paris-Roubaix.
Sean Kelly et Marc Madiot mettent fin à leur carrière sous le maillot de Catavana-Corbeil.

Laurent Fignon s'informe de la vie du peloton auprès
de Charly Mottet, dont c'est la dernière saison, et de Ronan Pensec.

Stephen Roche laisse son vélo au garage et en sort le bolide
au volant duquel il dispute le rallye de Monte-Carlo.

Salut, Laurent ! Good bye, Stephen !

Au revoir, Laurent ! Good bye, Stephen ! La saison 1994 débute sans Laurent Fignon ni Stephen Roche, qui ont décidé de mettre un terme à leur fructueuse carrière. Double vainqueur du Tour de France (1983 et 1984), lauréat du Tour d'Italie (1989) et de deux Milan-San Remo (1988 et 1989), Laurent Fignon, 33 ans, raccroche son vélo au clou. « Sans le moindre regret... », dit-il. Sa saturation est si grande qu'il a atteint le point de non-retour. Il s'adonne à ses nouvelles passions, le golf et le tennis. Et redevient un enfant émerveillé par le plus beau des cadeaux lorsque Björn Borg propose à Laurent d'échanger quelques balles avec lui sur un court de la Croix-Catelan.

Quant à Stephen Roche, 34 ans, il choisit de foncer. Épris de sports mécaniques, le jovial Irlandais participe au rallye de Monte-Carlo et obtient sa qualification pour la fameuse nuit du Turini. « Steve » est un élève très doué pour le pilotage, mais l'auteur d'une célèbre triple couronne en 1987 (Tour-Giro-Mondial) ne s'écarte pas autant du milieu cycliste. Son humour, son sens critique, son expérience et sa vision de la course ainsi que ses rapports privilégiés avec le public lui ouvrent les colonnes d'*Aujourd'hui*, dans lequel il tiendra une chronique quotidienne pendant le Tour de France.

Pour eux, la page est définitivement tournée. Pour Miguel Indurain, le meilleur coureur du monde et le mieux payé – il percevra désormais 1 230 000 F mensuels ! –, le livre de sa grande carrière est loin d'être achevé. Le triple Maillot jaune rêve d'un quatrième Tour de France et veut être le premier Espagnol à tenter de battre le record du monde de l'heure – le rendez-vous est pris pour début septembre. Seulement voilà, son hiver a été particulièrement agité, voire très douloureux, lorsqu'il apprend la mort accidentelle, à 23 ans seulement, de son jeune équipier Antonio Martin, fauché par un camion pendant l'entraînement.

Auparavant, Banesto (Banco Español de Credito), le sponsor d'Indurain, a fait faillite. Le nouveau conseil d'administration promet de respecter les accords passés lors des semaines précédentes : l'équipe ne sera pas dissoute. Parallèlement, un bras de fer s'engage entre le Navarrais et les organisateurs de la Vuelta. Ces derniers n'admettent pas que le champion boude le Tour national. Or, Indurain préfère inscrire une fois de plus le Giro d'Italie à son programme dans la perspective du Tour de France. Les aficionados sont déçus par la décision de Miguel, car la Vuelta ne figure pas à son palmarès (trois Tours de France et deux d'Italie), mais sa cote de popularité n'en souffre pas. Ni dans les sondages ni dans cette enquête du quotidien *El Pais* réalisée auprès de cent personnalités du sport espagnol, qui l'élisent « meilleur sportif 93 », avec 92 voix contre seulement 5 à son ami Sergi Bruguera, le vainqueur de Roland-Garros. Indurain, c'est un cœur et des jambes magnifiques, mais aussi des retombées médiatiques exceptionnelles. Selon une étude, la rentabilité publicitaire de l'équipe Banesto, en 1993, a atteint en quota d'audience – grâce au succès d'Indurain dans le Giro et dans le Tour – près de 600 millions de francs !

Le nouveau sponsor de Tony Rominger, Mapei (qui s'associe à CLAS), attend également beaucoup du coureur suisse, numéro 2 mondial sur le plan sportif et financier, puisque son traitement mensuel a été porté à 650 000 F. Son défi : battre Indurain dans le Tour. En France, on enregistre avec satisfaction la naissance de deux équipes. Catavana-Corbeil et Aubervilliers-Peugeot ne disposent pas d'un budget important, mais leur arrivée dans le peloton constitue un « plus » pour notre cyclisme. De 68 en 1993, le nombre de coureurs français est passé à 94 en... 1994. Pour Marc Madiot, 34 ans, et Sean Kelly, 37 ans, le maillot de Corbeil sera le dernier de leur carrière. A Aubervilliers, une équipe dite « promotionnelle » se crée autour de jeunes coureurs néo-professionnels auxquels on accorde une première chance.

Le commando Castorama de Cyrille Guimard reste la valeur sûre des formations de marques françaises. Son nouveau leader, Armand De Las Cuevas, remplace Luc Leblanc, parti chez Festina, où Bruno Roussel se promet de relancer la carrière du Limousin. L'équipe GAN, qui ne compte plus sur Greg Lemond, a engagé le recordman de l'heure Chris Boardman. Roger Legeay veut faire de ce très beau pistard un vrai routier. Charly Mottet, 31 ans, effectue chez Novémail sa dernière saison chez les professionnels. Enfin, l'équipe Chazal de Vincent Lavenu aspire à progresser et à obtenir le droit de participer, pour la deuxième année consécutive, au Tour de France.

Au début de ce nouvel exercice, le visage du cyclisme français semble avoir retrouvé des couleurs. Le meilleur coureur du monde est toutefois espagnol et la forme collective reste italienne. Au classement de l'Union cycliste internationale, Laurent Jalabert, 14e, est le Français le mieux placé, tandis que cinq Italiens figurent parmi les vingt premiers...

Dominique Arnould, en équilibriste, à la conquête de son troisième titre national à Sablé-sur-Sarthe.

Arnould perdu dans les dunes

Dominique Arnould est le meilleur cyclo-crossman français. Le doute n'est pas permis, puisque le Lorrain porte le maillot de... champion du monde. Par sa réussite, il perpétue la très bonne réputation dont jouit l'école Guimard. Depuis près de vingt ans qu'il assume le rôle de directeur sportif, le Nantais a toujours loué les vertus du cyclo-cross. Naguère, il entraînait dans les sous-bois les coureurs de l'équipe Renault, Bernard Hinault en tête, car il pensait déjà que la pratique de cette discipline complétait idéalement l'entraînement routier hivernal.

Une brillante victoire dans la première étape du Tour 92, à San Sebastian, n'empêche pas Dominique Arnould d'être un véritable spécialiste. Son titre mondial acquis en 1993 lui permet de monnayer son nom lors d'une trentaine d'épreuves pendant la saison. « Mais, précise-t-il, je ne dispute aucune course à fond, pour ne pas entamer mes réserves avant les championnats de France et du monde. » Arnould est également resté en retrait lors des épreuves du challenge national, l'épine dorsale de la saison, créé par l'entraîneur national Jean-Yves Plaisance pour maintenir l'intérêt du cyclo-cross en novembre et décembre.

C'est Cyrille Bonnand qui a remporté le classement final. Le jeune Albigeois est, avec David Pagnier, l'un de ceux sur lesquels le CSM Persan compte pour débouler Arnould du podium du championnat de France sur le circuit très sélectif de Sablé-sur-Sarthe. Le club du Val-d'Oise, dirigé par la famille

La boue avant le sable...

Pezard – Serge et son fils Dominique –, possède une forte tradition de cyclo-cross, grâce à l'appui de la société Bic, depuis vingt ans. Les coureurs au maillot orange promettaient de se « défoncer » pour « faire plaisir au baron Bich », installé devant son écran de télévision. Mais ils sont vite réduits à l'impuissance face au rythme imposé par les Castorama, Arnould et Magnien en tête. A l'arrivée, Arnould cueille facilement un troisième titre national. Bonnand et Pagnier sont médaillés d'argent et de bronze.

On se réjouit de la nouvelle envergure du champion de France, qui s'est glissé dans la peau d'un homme plus mature, sûr de sa force, maîtrisant parfaitement son sujet. Mais la perspective d'un championnat du monde au parcours atypique, dessiné dans les dunes belges de Koksijde léchées par la mer du Nord, tempère l'enthousiasme de ses partisans. Le plus chaud d'entre eux, Cyrille Guimard, prend les devants. Pour déjouer les pièges tendus par le sable, il demande à son ergonome, Armel André de dessiner un nouveau cadre. « En adoptant de plus petites roues de 650, on diminue les points d'ancrage, dit Guimard. Nous avons modifié la géométrie du cadre, la chasse et les angles. » Le vélo est testé dans les dunes de Saint-Jean-de-Monts, en Vendée, où Plaisance a réuni l'équipe de France en stage. Arnould marque un point psychologique : « Dans le sable, ce n'est pas le coureur qui guide le vélo, mais la machine qui dirige l'homme. Grâce à cette nouveauté, je parviens à garder ma ligne. »

Malheureusement, Arnould n'aura pas le loisir d'en tirer les dividendes espérés. Pris dans l'étau d'une chute collective à l'entame du premier virage du circuit, il est très retardé et n'insiste pas. « J'ai pensé abandonner au bout d'un tour », confie-t-il sur un ton amer. Cyrille Bonnand termine 6ᵉ : « Je savais que je ne reverrais pas la tête, mais, à mon âge, si je ne me défonce pas pendant un championnat du monde, je ne le ferai jamais », souligne-t-il. Le nouveau numéro 1 mondial est belge. Il s'appelle Paul Herijgers et a saisi la chance de sa vie au passage de la trentaine sur ce terrain sablonneux dont il est, avec ses compatriotes, friand. Cet ancien ouvrier d'une briqueterie d'Anvers était persuadé de sa victoire : il avait fait floquer le nom de son sponsor suisse (Saxon) sur un maillot arc-en-ciel tiré de sa valise après la cérémonie protocolaire...

L'éternel recommencement de Francesco Moser : en piste à Mexico, dix ans après.

Moser remonte le temps

A 42 ans et 7 mois, l'autre exploit de Moser.

«Il vecchio» est-il vraiment raisonnable ? A 42 ans et 7 mois, Francesco Moser pourrait être le père de Chris Boardman, le recordman du monde de l'heure avec 52,270 km depuis le 23 juillet 1993 à Bordeaux. Or, c'est bien ce «fils» surnaturel qu'il défie en se (re) mettant en piste le samedi 15 janvier, sur l'anneau olympique de Mexico...

A l'automne 1993, l'Italien avait accepté de bonne grâce de participer au Critérium des «anciennes gloires», dans la région lyonnaise, en compagnie de Raymond Poulidor notamment. Moser a les cheveux couleur argent, mais il a gardé un cœur en or. Après seize ans de cyclisme au plus haut niveau récompensés par la bagatelle de 280 victoires (!), critériums compris, il a stoppé sa carrière en 1988, au terme d'un ultime record – enfin, c'est ce qu'il croyait – porté à 50,644 km dans l'heure sur la piste en bois de Stuttgart. C'était la meilleure performance jamais réalisée sur un vélodrome couvert.

Mais il n'a jamais cessé de rouler. Le vélo, c'est toute sa vie. Moser est de ces champions – Roger de Vlaeminck émarge également à cette catégorie – qui entretiennent leur corps au quotidien car ils refusent farouchement de le voir dépérir. Dans leur tête, ils sont toujours coureurs. Au lendemain du Tour d'Italie 93, remporté par Miguel Indurain, le Trentinois commence sa préparation dans le cadre de l'opération «Dix ans après». Dix ans, presque jour pour jour, après avoir établi 51,151 km à Mexico, et effacé des tablettes le vieux record d'Eddy Merckx (49,432 km), datant de 1972.

Le projet est né de l'imagination du professeur Conconi, l'homme qui avait conçu le programme d'entraînement et la préparation biologique de Moser dans les mois précédant sa tentative de 1984.

C'est «pour la science» que le médecin italien lui propose de se remettre en selle. C'est surtout pour la gloire que le quadragénaire accepte. «Le record de l'heure m'a plus apporté que tout le reste de mon palmarès, affirme-t-il. Sur tous les plans : réussite et popularité.» Jadis, ses duels avec Beppe Sarroni enflammaient et divisaient les tifosi. «Le vieux» sait qu'il y a, de nouveau, une place à prendre dans le cœur du public italien déçu par l'incapacité de Claudio Chiappucci et de Gianni Bugno à faire vaciller Miguel Indurain de son piédestal dans les grands Tours. «Je veux être confronté, dix ans après, au niveau que j'avais alors atteint.»

De Mexico, où il séjourne depuis plusieurs semaines après avoir préalablement établi son camp d'entraînement en Guadeloupe, Moser tient un discours plus audacieux. «Les tests sont bons, supérieurs aux prévisions, se félicite-t-il. Il serait hypocrite de continuer à dire que je veux seulement me mesurer à ma performance de 1984.» Ce regain d'ambition est lié au génie de Graeme Obree, inspirateur de Moser. Six mois auparavant, l'Italien ne connaissait pas le nom de l'Écossais. Il commande à ses propres ateliers une bicyclette de conception très proche de celle inventée par Obree et avec laquelle il avait amélioré, le 17 juillet 1993 à Hamar (Norvège), son record, en parcourant 51,596 km. Moser, qui avait lancé la mode des roues lenticulaires en 1984, disposera d'une roue avant à bâtons et d'une roue arrière pleine. Il a choisi un braquet de 62 × 15 – 57 × 15 en 1984 – et parcourra 8,74 m à chaque tour de manivelle.

Le mardi 11 janvier, il a affiné sa préparation en roulant durant 22 km à une moyenne de 52,304 km/h, mais le vent qui souffle sur la capitale mexicaine, perchée à 2 500 m d'altitude, l'a incité à ne pas prolonger son effort. La tentative est prévue pour samedi.

Il est 10 h 42, le 15 janvier, lorsque Francesco Moser s'élance enfin. Jusqu'au 10e kilomètre, il roule en deçà des temps de Boardman. Entre le 11e et le 19e, l'Italien est en progression – sa moyenne générale fait une

Grâce à la position empruntée à Graeme Obree, Moser réussit 51,840 km dans l'heure.

pointe à 52,308 km –, mais, après vingt-deux minutes de course, son rythme observe une régression. Dans la dernière demi-heure, il doit affronter un vent gênant. Il concède au Britannique 100 m en moyenne tous les 8 km environ et bute contre le mur des 52 km. 51,840 km, c'est toutefois 689 m de mieux que sa performance d'il y a dix ans…

« Francesco a fait mieux, et pourtant il est moins fort qu'en 1984, confirme Conconi. C'est son vélo qui est plus fort que l'ancien. » Aucun doute : la trouvaille d'Obree copiée par le quadragénaire trentinois a permis à ce dernier de réaliser une performance pas si étonnante, en fin de compte. L'Union cycliste internationale s'en inquiète, car elle craint que l'engin de l'Écossais ne fasse de nombreux petits et ne porte un rude coup au mythe du record de l'heure…

Trois jours plus tard, Moser se remet en piste. Mais sa tentative avorte rapidement. La suite ne colorera pas l'image du « Cecco », et peu importe au fond.

Tout juste rentré en Europe, il se livre à un rapide test sur la piste de Bordeaux, annonce sa renonciation et décide subitement de repartir pour le Mexique, afin, dit-il, de ne nourrir aucun regret par la suite. Vaine expédition. Le 6 février, après une quatrième tentative, Moser jette l'éponge avant d'avoir commencé.

Van Poppel et Koerts, deux Néerlandais chez Festina.

Christophe Leroscouët, sprinter d'Aubervilliers.

Davide Cassani remporte le Tour méditerranéen.

C'EST LA RENTRÉE !

Gilles Delion inaugure le palmarès de la saison en remportant le Grand Prix de *La Marseillaise* à Gardanne, le 1er février. Cinq jours plus tard, l'Étoile de Bessèges revient à Jean-Paul Van Poppel. Au général, Christophe Leroscouët et Christian Chaubet sont classés dans le même temps que le Néerlandais ; ce dernier l'emporte aux points. L'Italien Davide Cassani s'adjuge le Tour Méditerranéen tandis qu'un jeune espoir belge, Franck Vandenbroucke – le neveu de Jean-Luc, son directeur sportif – exprime son talent dans la dernière étape, à Marseille. Laurent Brochard démontre sa bonne forme dans le difficile Tour du Haut-Var. A Gand, en Belgique, Wilfried Nelissen s'impose à Frédéric Moncassin à l'arrivée du Het Volk. Mais le sprinter flamand se fracture la clavicule gauche, le lendemain, lors de Kuurne-Bruxelles-Kuurne. Il tire un grand trait sur les classiques du printemps. L'annonce d'une saison noire.

Franck Vandenbroucke : première victoire à 19 ans !

Brochard en tête de la Coupe de France.

Wilfried Nelissen trop fort pour Frédéric Moncassin dans le circuit Het Volk.

Gianni Bugno et Tony Rominger, un moment de détente dans la «course au soleil».

Axel Merckx, au nom d'Eddy.

Mario Cipollini, lauréat de deux étapes, auprès de Gilbert Duclos-Lassalle, vainqueur de Paris-Nice en... 1980.

Rominger toujours plus vite

Avec le départ de Paris-Nice, la saison prend son véritable essor. Même si les temps ont changé. Car les épreuves de février ne répondent plus à de longues séances de mise en jambes. A la rentrée des classes, on doit bosser dur ! Il n'y a plus de petites victoires. Seule compte la satisfaction du sponsor. Il faut le rassurer, se rassurer. Sur le bien-fondé de son investissement publicitaire, sur sa propre condition physique...

Alors, la majorité des coureurs du peloton est déjà bien affûtée lorsqu'elle se présente, le 6 mars, à Fontenay-sous-Bois, dans le Val-de-Marne, d'où s'élance la « Course au Soleil ».

Gilbert Duclos-Lassalle est un témoin privilégié des mutations vécues par son sport. Il a débuté en 1977, et s'est fait connaître en remportant Paris-Nice en 1980. « A l'époque, j'avais 2 500 km dans les jambes avant d'aborder cette course, se souvient le Béarnais. Aujourd'hui, cette somme de travail est insuffisante pour garder sa place dans le peloton. On est lâché irrémédiablement ! Pour espérer vaincre, il faut avoir accumulé 10 000 bornes. A ce train-là, prédit-il, la carrière des coureurs se raccourcira, car ils seront usés avant l'âge par tant d'efforts. »

Duclos, quadragénaire au mois d'août 1994, développe ses arguments à l'ombre du Stade Vélodrome de Marseille, rendu au cyclisme l'espace d'un sprint gagnant de Mario Cipollini. Le sculptural Italien signe son deuxième succès après celui d'Orléans, lors de la première étape. Son compatriote, coéquipier et

Fabio Baldato, un sprinter en blanc.

Pascal Richard s'envole à Vaujany.

élève doué, Fabio Baldato, a également empoché deux victoires, à Nevers et à Saint-Étienne. Enfin, l'Ouzbek Djamolidine Abdoujaparov s'est emparé de l'étape de Clermont-Ferrand. La pente sévère empruntée par les coureurs pour accéder à la station de Vaujany, dans l'Isère, favorable au Suisse Pascal Richard, a brièvement interrompu la domination des sprinters. « Leurs équipes sont très bien organisées, rapporte Gilles Talmant, jeune coureur de l'équipe Novémail. Sur une étape sans difficultés majeures, tenter de s'échapper équivaut à se suicider. Les chances de réussir sont quasiment nulles. » Le Breton Ronan Pensec, qui terminera quatrième à Nice, traduit de façon très personnelle l'état d'esprit du coureur, ses craintes et ses interrogations en pareil cas : « Il me manque ce brin de folie que je possédais il y a quelques années. Pourquoi ? Parce que j'ai souvent été malchanceux ces derniers temps. Je perds également en confiance quand on me propose des contrats d'un an seulement. On est sur le qui-vive, et il ne faut pas se rater. »

Les Italiens échappent à cette frilosité ambiante. Ils dominent sur tous les fronts : à Paris-Nice, dans Tirreno-Adriatico, au Tour de Murcie. Lorsque Cipollini s'impose à ses rivaux, à deux pas de la Canebière, ils mènent très largement, aux dépens des Français : 47 victoires à 3 ! Ce score annonce un beau printemps pour le cyclisme transalpin.

C'est pourtant la « guerre des Suisses » qui marque le week-end final de Paris-Nice. Pascal Richard endosse le maillot blanc, lequel,

Résident monégasque, Tony Rominger en voisin sur les pentes du col d'Èze, où il mate ses adversaires et remporte Paris-Nice.

après avoir été porté par Cipollini et Baldato, reste toutefois dans la maison des GB-MG. Alex Zülle, le vainqueur sortant, veut le reconquérir. Tony Rominger attend son heure : le contre-la-montre du col d'Èze. Son premier duel avec Miguel Indurain n'a pas eu lieu. L'Espagnol est encore empâté – il traîne 3 bons kilos de trop –, et est handicapé par une allergie au pollen. Zülle chute dans le Tanneron à la veille de l'arrivée. Richard, esseulé dans la montée vers Mandelieu, doit se résoudre à abandonner la première place du classement général à Jesus Montoya, qui se pose en intérimaire puisque l'Espagnol sait Rominger imbattable dans le contre-la-montre en côte. Son ascension des 10 km du col d'Èze tourne à la démonstration. Auteur d'un chrono-record à près de 34 km/h en incluant 2 km de plat, le Suisse explique, tout sourire, qu'il se retirera « dans trois ans, avant que le vélo ressemble à une course à la voile… »

Face aux sprinters italiens et aux rouleurs suisses, le cyclisme français n'a pas brillé, de Paris à Nice. Il a placé ses espoirs et ses (seules) satisfactions en Laurent Roux et Charly Mottet, deux hommes à la croisée de leurs destins. Roux, 21 ans, grimpeur de petite taille et professionnel depuis trois mois et demi, a été présent dans tous les bons coups, et il termine 5e du classement final. Charly Mottet, 31 ans, a annoncé qu'il effectuait, « en principe » sa dernière saison. Lors de l'édition 1993, il avait chuté lourdement sur le dos dans la descente d'une petite bourgade de Provence. Fracture du trochanter (la partie supérieure du fémur), trois semaines d'hospitalisation et une belle revanche à prendre sur le mauvais sort. Charly la tenait sur les hauteurs de Mandelieu, grâce à son esprit d'initiative, son punch et son panache. « En 1993, j'avais regardé cette étape Mandelieu à la télé, sur mon lit d'hôpital. Dans les derniers kilomètres, j'y ai pensé… »

Un an après une grave chute, Charly Mottet gagne à Mandelieu.

Pascal Richard chassé par un autre Suisse.

A 21 ans, Laurent Roux, 5e, la révélation de Paris-Nice.

Giorgio Furlan attaque dans la montée du Poggio et ne cède rien à ses poursuivants dans la descente.
L'Italien sur la voie royale.

Furlan, la course de sa vie

Milan-San Remo est une course qui jouit d'une popularité et d'une attention exceptionnelles en Italie. Un mois et demi avant son déroulement, la *Gazzetta dello sport*, le journal organisateur, répand les espoirs entretenus par les coureurs italiens dans ses pages roses. Moreno Argentin est de ceux-là. Il n'a jamais gagné la « Primavera » – la printanière, son surnom –, et son échec de 1992 l'a, semble-t-il, marqué pour toujours. Cette année-là, le Vénitien avait été le premier à atteindre le sommet du Poggio, point hautement stratégique de l'épreuve. Mais, paralysé par la peur de tout perdre dans la sinueuse descente vers San Remo, il s'était vu rejoindre par Sean Kelly sous la flamme rouge du dernier kilomètre, et l'Irlandais l'avait dominé sans peine au sprint.

Au petit matin du samedi 19 mars, sur la majestueuse place du Dôme à Milan, qu'entourent de luxueuses galeries marchandes, Argentin ne nourrit guère d'illusions sur ses chances de victoire, car une sinusite infectieuse l'a affaibli.

L'émotion du « dernier dossard » accroché avant « la » San Remo et son aide prévisible à son équipier de la Gewiss-Ballan, Giorgio Furlan, l'ont incité à se présenter au départ.

Furlan est, en effet, le grand favori de la première classique de la saison comptant pour la Coupe du monde. Il a frappé fort dans Tirreno-Adriatico, la course des deux mers, s'emparant de la première place du classement final et s'assurant trois étapes. Dès lors, les regards

Premier leader de la Coupe du monde.

se tournent naturellement vers lui. Gianni Bugno, Fabio Baldato, Mario Cipollini, entre autres, ne quittent pas sa roue à l'approche du Capo Mele, la première de ces petites montées qui façonnent la côte ligure, à une cinquantaine de kilomètres de l'arrivée. Ses jambes tournent à merveille, comme des bielles fraîchement huilées. Furlan se sait dans un grand jour, mais il n'ignore pas non plus que les tactiques élaborées par les autres équipes italiennes peuvent le perdre. Il frémit à la nouvelle d'une échappée de 7 coureurs qui se forme dans l'ascension de la Cipressa. Elle comprend Chiappucci, Museeuw, Cassani, Alcala, Zanini, Spruch et Berzin, unique représentant des intérêts de Furlan au sein du groupe. Ce dernier place son espoir dans l'absence d'un homme de la Mercatone Uno à l'avant de la course. Et il a raison, car Cipollini n'a pas le choix : il sacrifie ses derniers gregarii pour combler 23". Petito et Biasci obéissent sans mot dire, puisque tel est leur rôle. Et, à 15 km du but, la jonction s'opère.

Sur la ligne d'arrivée, les tifosi ont fini de s'égosiller pour obtenir l'une de ces casquettes publicitaires lancées dédaigneusement par d'affriolantes jeunes femmes en cuissard. La course a gagné le Poggio et, derrière les balustrades, ils écoutent avec une infinie attention les informations lancées par le speaker, un homme rond et affable du nom de Cerise. Cassani brutalise son corps pour rendre plus douce la montée de ses sprinters Museeuw et Sciandri, Fondriest n'a pas encore abdiqué, et Cipollini veut toujours y croire. Berzin, ce jeune russe de 24 ans déjà en vue dans la Cipressa, roule pour Furlan. Il effectue un travail époustouflant en faveur de son leader, qui promet, à l'arrivée : « Un jour, je le lui rendrai... »

Quand Berzin s'écarte enfin, le sommet du Poggio pointe à 1 500 m. Furlan porte son démarrage là où jadis Eddy Merckx construisait ses victoires. Son attaque est si franche, si nette, qu'elle rend vaines les spéculations qui entouraient un éventuel sprint à San Remo. L'arrivée ne se trouve plus à 1 km de la descente du Poggio. Il faut ajouter 1 000 m supplémentaires pour la situer, car elle a déserté le Corso Cavallotti pour retourner sur la Via Roma, au passé chargé d'histoire et riche d'emballages endiablés.

Furlan franchit le sommet du Poggio avec 9" d'avance sur ses poursuivants. Il négocie correctement les virages et relance la cadence

Moreno Argentin, l'ancien champion du monde, ne gagnera jamais la « Primavera ».

à la sortie de chacun d'entre eux, en luttant contre les images vieilles de deux ans d'un Moreno Argentin fragilisé par l'enjeu, qui ne cherchent qu'à troubler son esprit. « Si le groupe de chasse m'était tombé dessus dans la descente, j'aurais fini la course avec des traces de roue dans les reins », dira-t-il plus tard en imaginant l'ampleur des dégâts psychologiques en cas d'échec.

Des émotions fortes, d'un autre genre reviennent à un Français. Christophe Capelle est touché sans gravité au bras gauche, et livre ce témoignage en quittant l'ambulance : « Dans la descente du Poggio, j'ai effectué un écart pour éviter Virenque, qui avait raté son virage. Je suis tombé dans le vide et j'ai atterri 5 m plus bas… sur mes pieds. Sinon, je serais peut-être mort. »

Son récit est étouffé par les cris de la foule qui salue Giorgio Furlan, la coupe dans les mains et le sourire aux lèvres, sur le podium. L'Italie cycliste découvre un coureur de talent. Un de plus. Qui s'empare du premier maillot de leader de la Coupe du monde. Il est, certes, encore trop tôt pour l'affirmer, mais Furlan a les moyens de succéder à Maurizio Fondriest, dernier vainqueur de l'épreuve.

LA GLOIRE DISCRÈTE

Né sur un vélo – il a gagné sa première course à 6 ans – et diplômé en électronique, Giorgio Furlan n'imaginait pas remporter, un beau jour, Milan-San Remo. Ce fils de menuisier se destinait à une honnête carrière de gregario, voire de lieutenant, quand la gloire lui tomba dessus, « un peu par surprise », en 1990, année de sa victoire dans le Championnat d'Italie.

Deux ans plus tard, il s'adjuge la Flèche Wallonne et le Tour de Suisse. « Pendant plusieurs saisons, j'étais comme dans un petit escalier. J'ai beaucoup travaillé et je me suis toujours amélioré », explique-t-il.

La carrière de Furlan ressemble finalement à Giorgio. L'homme avance sans bruit. Il est très discret dans la vie quotidienne. « Seuls le boucher et le coiffeur de mon quartier me connaissent », dit-il sans en être offusqué. Mais au jour de Milan-San Remo, sa vie observe une profonde mutation. Tous les bouchers et les coiffeurs d'Italie savent alors qui est Giorgio Furlan. Sa femme a saisi avant lui la teneur de son exploit. Lorsque Giorgio atteint le sommet du Poggio, Rosalba, plantée là-haut depuis des heures, le dévore des yeux avant de s'évanouir, vaincue par une trop forte émotion. Par mesure de précaution, on la transporte à l'hôpital de San Remo...

Furlan est vénitien, comme Moreno Argentin, auquel il voue une profonde admiration. C'est auprès de l'ancien champion du monde qu'il s'est épanoui, c'est sous le maillot de l'Ariostea dessiné comme le costume d'un arlequin, avec ses losanges rouge et jaune, qu'il s'est révélé. « Un pour tous, tous pour un »: Ariostea est l'équipe des mousquetaires. Elle brille sur tous les terrains, grands tours et classiques. La majorité de ses coureurs peut prétendre à une part du gâteau, la cerise revenant à Argentin pour ce qu'il représente dans le cyclisme italien. L'Ariostea effectue ses adieux au peloton en octobre 1993, au Tour de Lombardie. Furlan ouvre la route avec son coéquipier, le Suisse Pascal Richard. Au volant de sa voiture, leur directeur sportif Giancarlo Ferretti triomphe. Richard devance Furlan au sprint. L'Italien sort de sa réserve. Il s'estime floué par le vainqueur. Ses relais sont plus appuyés que ceux du Suisse. Ce dernier freine à chaque fois que Furlan se retourne pour juger de leur avance sur Chiappucci et Sciandri, le meilleur sprinter des quatre. Giorgio est contraint de lancer le sprint, le plus mauvais rôle. Il est battu.

Deuxième pour la septième fois de l'année 1993, il enrage. Ressasse durant tout l'hiver ses occasions perdues. Et s'impose un entraînement de spartiate pendant les jours de pluie et de froid. Furlan se présente au départ de Milan-San Remo sous le maillot de la Gewiss, avec plus de 15 000 km dans les jambes et une formidable envie de réussir. Il abandonne sa naïveté à Milan, s'offre la « Primavera » à San Remo et s'inscrit, à 28 ans, dans la catégorie des grands coureurs de classiques.

Sur la Via Roma, Giorgio Furlan enlève Milan-San Remo et enflamme les tifosi.

Le GP de Cholet-Pays de Loire revient à Laurent Madouas, le très sympathique Brestois.

MARS

LA RAZZIA ITALIENNE

Une étape de la Semaine Sicilienne, le Trophée Pantalica, le classement final et trois étapes de Tirreno-Adriatico, Milan-San Remo : Giorgio Furlan est intenable. Il récidive au Critérium International, disputé dans le Vaucluse : la victoire au général et une étape. Soit neuf bouquets en moins de deux mois !
Evgueni Berzin commence à faire parler de lui. Il abat un travail important en faveur de Furlan et reçoit sa récompense dans le « chrono » de l'International, qu'il remporte devant Rominger.
Dans l'Ouest, Laurent Madouas, coureur très méritant, gagne le Grand Prix de Cholet – Pays de Loire et rejoint Laurent Brochard en tête de la Coupe de France. La domination des coureurs italiens s'étend à l'Espagne (Stefano Della Santa vainqueur de la Semaine Catalane) et à la Belgique (Michele Bartoli lauréat de la Flèche Brabançonne). Andreï Tchmil affine sa préparation des classiques en s'emparant du Grand Prix E3 à Harelbeke. Paris-Roubaix approche.

Bugno, un succès millimétré

Dans les monts des Flandres, Gianni Bugno (ici devant le Hollandais Nico Verhoeven) ne sent pas les pédales.

De Bruges à Gand, on l'appelle familièrement le « Ronde », diminutif masculin du Tour des Flandres dans la langue (néerlandaise) des Flandriens. Le Ronde Van Vlaanderen, le Tour des Flandres, est aux Flamands ce que Paris-Roubaix est aux Français ou Milan-San Remo aux Italiens. Une très grande classique octogénaire, un monument du sport cycliste. Long de 268 km, son parcours, souvent balayé par le vent, tournicote dans la partie septentrionale de la Belgique. Ses pavés sont moins traîtres que ceux du nord de la France, mais il recouvrent de petites côtes aux pourcentages parfois vertigineux. La plus célèbre s'appelle le mur de Grammont. Située à 19 km de l'arrivée à Meerbeke, elle précède le Bosberg, dernier d'une liste de seize monts. Le « Mur » s'étend sur 825 m, et sa pente maximale atteint les 20 % !

Ce jour-là, le peuple flamand, endimanché, obéit à une trilogie : la messe de Pâques, le déjeuner en famille et le « Ronde ». « Il y a tellement de monde sur le bord de la route que je préfère regarder la course à la télévision », raconte Axel Merckx, fils d'Eddy, jugé trop tendre pour être aligné au départ de Sint-Niklaas. Car le Tour des Flandres n'est ouvert qu'aux coureurs aguerris.

Autrefois, « de man met de hamer », – l'homme au marteau – était l'allié des Belges et de leurs cousins hollandais. Il frappait les Latins avec une régularité désarmante. Il les attendait au détour d'un mont ou d'un virage, sur une petite route de campagne, après que le courageux eut été harcelé par le vent, quand la pluie n'avait pas glacé son corps. Les heurts des bordures et l'action de frotter épaule contre épaule pour garder sa place dans le peloton avec les Flamands rompus à ces exercices appelaient le stress et la fatigue. Dans ces conditions, rejoindre l'arrivée était déjà un petit exploit...

Mais les temps ont changé. En 1990, Moreno Argentin a mis un terme à vingt-trois ans d'insuccès italien depuis la victoire de Dino Zandegu en 1967 ; et deux ans plus tard, Jacky Durand, servi par le marquage étroit que pratiquent entre elles les grandes équipes, a rejoint au palmarès du Tour des Flandres Louison Bobet (1955) et Jean Forestier (1956). L'étranger n'a plus peur du Belge, qui s'inscrit dorénavant dans un cyclisme appauvri, ni de « l'homme au marteau ».

Le coureur à battre n'en reste pas moins un Flamand. Johan Museeuw s'est adjugé le Tour des Flandres en 1993, mais il n'est pas rassasié de victoires dans sa course préférée. On l'appelle le côtier, parce qu'il vit à Gistel, près d'Ostende, en bordure de la mer du Nord. Pour le public belge, Museeuw est le dernier des Flandriens d'une lignée extraordinaire comportant notamment les deux Rik : Van Steenbergen après la guerre et Van Looy dans les années 50-60. Pour respecter la tradition, il porte à son casque une petite médaille représentant la Sainte Vierge. Mais à Meerbeke, au bout de la Brusselstraat – la rue de Bruxelles –, qui se présente aux coureurs en faux plat montant, Dieu est, ce dimanche-là, italien. Dans le mur de Grammont, Gianni Bugno, Johan Museeuw, Franco Ballerini et Andreï Tchmil se détachent. Le passage du Bosberg ne modifie pas la physionomie de la course, malgré une accélération de Bugno. C'est lui, Bugno, qui lance le sprint aux 300 m. Museeuw ne réagit pas dans l'instant. Erreur fatale, il choisit la roue de Tchmil. Le Russe s'écarte. « A ce moment-là, j'ai dû légèrement freiner, et je me suis retrouvé à une longueur de Bugno, témoigne le Belge en résistant à une rage folle. Je suis bien revenu sur lui, mais l'arrivée était toute proche. »

Bugno lui offre pourtant une chance inespérée : l'Italien lève les bras, croyant prématurément à la victoire acquise. Quand il les baisse, Gianni saisit son énorme bourde. Dans un dernier coup de reins, Museeuw a jeté son vélo sur la ligne, et personne ne sait qui a vaincu. Non, ce n'est pas par orgueil que le Lombard a triomphé du geste, il a trop d'humilité pour cela. Oui, il s'est laissé guider par son instinct, parce que, dit-il, « il y a si longtemps que je n'avais pas enlevé une course ». L'attente des deux hommes est à la fois interminable et insupportable. Le visage de Bugno est livide, ses traits tirés, sa mâchoire serrée. Près de lui, Museeuw semble résigné. Le monde s'écroule autour du Belge lorsque le speaker annonce la consécration de l'Italien. Une lecture minutieuse de la photo finish, par les juges, lui accorde la victoire pour... quelques millimètres !

Lorsqu'il pénètre dans l'école des bonnes sœurs de Meerbeke, où se déroulent successivement le contrôle antidopage et la conférence de presse, Bugno ressemble à un garçon qui a péché par excès de gourmandise, et se confesse le jour de Pâques. La frousse est à ses trousses et il sait déjà, lui l'anxieux, qu'il ne s'en débarrassera pas si facilement. « J'ai eu peur de gagner », avoue-t-il en desserrant péniblement les dents.

LE CHASSEUR DÉPRIME

Avant Milan-San Remo, Mario Cipollini et Gianni Bugno, qui courent pour des marques différentes, s'entraînent sur les bords de la Riviera. La presse italienne s'en étonne. « Comment ces deux-là peuvent-ils s'entendre ? s'interroge un journaliste. Mario, particulièrement sociable, aime la vie. Gianni est introverti ; il semble toujours triste. C'est un loup mystérieux. » Ce qu'il y a de terrible chez Bugno, c'est que son esprit paraît torturé en permanence. Même lorsqu'il gagne... Après le Tour des Flandres, le Lombard désespère son auditoire : « C'est peut-être une grande victoire, mais elle ne change rien pour moi. Je suis reparti de zéro cet hiver. J'étais tombé tellement bas que je ne pouvais que revenir. »

Eddy Merckx semble être le plus satisfait des deux hommes : « Son succès ne me surprend pas. Il y a maintenant trois ans que je dis à

Sprint à émotions à l'arrivée du Tour des Flandres, à Merbeeke.

Gianni qu'il peut devenir un vrai chasseur de classiques s'il évite de trop penser aux grands Tours.»

En 1993, le cauchemar qu'il vit au Giro le poursuit jusqu'au Tour. A Paris, Bugno termine 20e, à 40 mn de Miguel Indurain. «Lorsqu'on s'impose deux fois à L'Alpe-d'Huez – en 1990 et 1991 –, comment être incapable de suivre les meilleurs en montagne? s'interroge-t-il. Avant, j'avais un jour "sans" dans le Tour. Désormais, j'en connais à chaque étape.»

Bugno va plus loin: si ses questions restent sans réponse, il se dit prêt à raccrocher! Il sauve sa carrière, mais pas son mariage. Bugno redevient un «homme libre», et il le fait savoir. «J'ai réglé mes problèmes personnels. Maintenant, je dois retrouver la sérénité», espère-t-il.

A l'hiver 1989, il était déjà très mal en point. Bugno souffrait alors d'un handicap terrible pour un coureur: la peur. Dans les descentes, il était sujet aux vertiges et, pour s'en débarrasser, il suivit une cure d'un mois fondée sur l'audition d'ultrasons et de musique classique. Cette thérapie était destinée à guérir un tympan endommagé et à rendre au coureur une paix intérieure. L'année suivante, Bugno réalisait sa meilleure saison: le maillot rose du Giro, porté de la première à la dernière étape, et la première place du classement de la Coupe du monde couronnant sa grande régularité dans les courses d'un jour.

Malgré deux podiums dans le Tour et autant de titres mondiaux en 1991 et 1992, le ténébreux Gianni est guetté par la rechute. Il est pétri de classe et ses jambes tournent vite, mais en 1993 flanche sa tête, harponnée par le complexe d'Indurain, que l'Italien semble nourrir pour l'éternité.

Au printemps 1994, le «loup mystérieux» sort enfin de sa noire forêt. Mais il ne roule toujours pas en pleine lumière…

Armand De Las Cuevas (à dr.) prend l'avantage sur Charly Mottet et gagne Paris-Camembert.

ON COURT SUR TOUS LES FRONTS

Le mois d'avril est en priorité celui des classiques nordistes, mais l'on court aussi un peu partout en France. En Bretagne, Gilles Delion obtient son deuxième succès de l'année au terme du Grand Prix de Rennes. En Normandie, Armand De Las Cuevas remporte Paris-Camembert au sprint devant Charly Mottet. Dans le Nord, le Grand Prix de Denain, disputé trois jours avant Paris-Roubaix, revient au Néerlandais Jans Koerts. Parallèlement, Stéphane Heulot réussit à vaincre au Circuit de la Sarthe. Au Tour du Vaucluse, un jeune amateur, Blaise Chauvière, surprend les professionnels. Laurent Roux est heureux : il signe le premier succès de sa carrière au Tour de la Côte Picarde, organisé par le tandem Devos-Detrin, ex-épreuve amateur devenue open. Cinq Belges terminent aux cinq premières places du Tour de Vendée (victoire de Van Roosbroeck). Au terme de la course, Laurent Brochard est leader de la Coupe de France, devant Gilles Delion et Ronan Pensec.
En Espagne, Tony Rominger poursuit sa marche victorieuse. Il enlève le Tour du Pays basque (avec deux étapes), devant Evgueni Berzin et Claudio Chiappucci. Laurent Jalabert, en forme ascendante à l'approche de la Vuelta, gagne une étape.

Gilles Delion (à g.) s'attribue le Prix de la Ville de Rennes,
et Laurent Roux signe son premier succès au Tour de la Côte picarde.

Ballerini est maudit

Franco Ballerini ouvre la route de Gand-Wevelgem, mais le Belge Wilfried Peeters lui fermera la porte de la victoire.

Franco Ballerini n'a vraiment pas de veine, mais beaucoup d'humour. Quelques minutes seulement après l'arrivée de Gand-Wevelgem, il explique: «J'ai perdu Paris-Roubaix en 1993 pour 8 cm. Je m'incline aujourd'hui à cause de 2 cm seulement. J'en conclus que, si je veux gagner une classique prochainement, il faudra que j'évite absolument de finir au sprint.»

Pauvre Franco! Il impressionne par sa force autant qu'il désespère son entourage par son sens peu développé de la tactique. En 1993, sur les chemins du hasard qui mènent à Roubaix, Gilbert Duclos-Lassalle, accroché à sa roue fiévreuse, l'avait battu en lui opposant sa connaissance du métier. Cette fois, l'homme qui lui met des bâtons dans les roues s'appelle Wilfried Peeters, et il est belge. Avant la course, il ne possède pas de palmarès. Ce rugueux Flamand de 29 ans n'a remporté qu'une seule course depuis deux ans: la kermesse de Merksem. Il est ce que l'on cataloguait autrefois comme un domestique. Peeters a la réputation d'être une bête à rouler qui a toujours sacrifié ses intérêts personnels à ceux de ses

Ça s'est joué à pile ou face. A Wevelgem, le sort est une fois de plus défavorable à Ballerini, battu d'un rien par Peeters.

leaders, parmi lesquels Ballerini en 1993. Le 6 avril, c'est pourtant la chance de sa vie qui s'offre à lui. Avec l'assentiment de son chef de file Johan Museeuw, il profite de la supériorité numérique des GB-MG pour s'enfuir, à 11 km de l'arrivée. Un seul coureur parvient à le rejoindre, c'est Ballerini. « Quand je l'ai vu revenir, j'ai tout de suite compris que c'était tout bon pour moi, parce que Franco ne sait pas se ménager », souligne Peeters après la course. « Dans les 5 derniers kilomètres, je lui ai demandé mille fois de prendre un relais », exagère Ballerini.

Le Flahute fait le sourd et le Toscan envisage le pire, mais il roule comme un damné vers la Vanackerestraat, la longue avenue de Wevelgem qui bute sur la grande église édifiée en briquettes ocre. A 250 m de la ligne d'arrivée, Peeters prend enfin l'initiative. Il lance le sprint. A 50 m, il modifie sa trajectoire. Les deux hommes se touchent avec leurs épaules. « Il a été freiné. Ç'a été ma chance », avoue le vainqueur. Ballerini se relance, il jette son vélo sur la ligne en fermant les yeux. Mieux vaut ne pas voir ça...

Sur le podium de l' « Eurovision », Franco livre ses premières impressions aux téléspectateurs italiens en attendant le verdict des juges. Il fixe l'écran de contrôle de la RAI, qui restitue les images du sprint, au ralenti, et s'écrie : « J'ai gagné ! » Puis il découvre la photo finish : « Oh ! non, j'ai perdu ! »

Pour 2 cm, la taille d'une pièce de 10 centimes, Ballerini rentre bredouille de Belgique. Direction : les pavés du Nord, qu'il part reconnaître sans délai, mais l'esprit tourmenté. Que lui réserve maintenant Paris-Roubaix ?

Qui a gagné ? Qui a perdu ? Les visages se ressemblent, mais le trophée est au Flamand.

Tchmil en héros, Duclos-Lassalle en martyr

Enfer du Nord et paradis de l'Est.

Il pleut à verse, entre les deux messes du dimanche matin, quand les coureurs arrivent à Compiègne. Ceux qui appartiennent aux grandes équipes sont confortablement installés dans leur Pullman équipé de douche, bar, téléphone, téléfax, vidéo. Ils les quittent à regret pour attraper les vélos que les mécaniciens leur tendent. Ils ont la tête ailleurs et sous un casque rutilant à la fois. Leurs yeux sont dissimulés derrière des lunettes aux verres teintés. Ils ont la mine défaite, car la pluie fouette leur peau et la neige fondue s'apprête à faire un bout de route avec eux dans la plaine picarde. Le ciel promet un grand Paris-Roubaix, ce qui signifie beaucoup de souffrances pour ses acteurs, notamment sur les 56 km de routes pavées découpées en 22 zones. Le cyclisme sprinte vers le modernisme. Les agences de marketing découvrent le dérailleur et, en ce dimanche de Paris-Roubaix, les VIP se pressent sous un chapiteau dressé près de la ligne de départ pour prendre un solide petit déjeuner avant de vivre la « grande aventure ». Les hivers précédents, les patrons d'équipe ont inscrit leurs employés de pédaleurs à des cours de communication, afin qu'ils se démarquent du « j'suis content d'avoir gagné… ou j'suis déçu d'avoir perdu », devant une caméra de télévision. Et si leur moral flanche, ils font parfois appel à des psychologues ou à des magnétiseurs.

Mais là-haut, à Troisvilles, village du Cambrésis, au 97e km de Paris-Roubaix, de tout cela il ne reste que du vent. Là-haut, à Troisvilles, où le peloton prend en pleine figure le premier tronçon pavé, rien n'a changé, et il n'y a plus que le courage des hommes qui compte. Les pavés sont toujours aussi affreux, traîtres. Il y a un Judas sous chacun d'entre eux. Là-haut, à Troisvilles, où les coureurs entrent au purgatoire, il n'y a plus de Pullman, d'agences de marketing ou de psychologues qui tiennent, mais uniquement « des types qui tueraient leur mère pour gagner une place », disait autrefois Stephen Roche. « Les bêtes sont lâchées et, dans ma voiture, je prie pour que mes coureurs soient épargnés par les chutes », ajoutait Cyrille Guimard. Ça frotte épaule contre épaule, ça freine roue contre roue, ça se lance des jurons gueule contre gueule. Là-haut, à Troisvilles, c'est un peu la place Charles-de-Gaulle à l'heure de pointe, avec des conducteurs irrités parce qu'ils sont tous très en retard à un galant rendez-vous fixé à la Bastille. Mais, pour espérer courtiser la « Reine des classiques », il ne faut pas rater le passage de Troisvilles…

Gilbert Duclos-Lassalle le sait mieux que quiconque. Le Béarnais a disputé son premier Paris-Roubaix en 1979, à une époque où Bernard Hinault régnait en maître sur le peloton. Et surtout, il a patienté jusqu'à l'âge de 37 ans pour enlever sa classique préférée. En 1992, il signe un premier exploit au prix d'une échappée longue de 110 km, dont 40 en solitaire. En 1993, il franchit la ligne d'arrivée avec 8 cm d'avance sur Ballerini. Duclos-le-Sudiste devient le héros des Nordistes. « Les gens d'ici m'aiment parce que je leur ressemble, dit-il. Je suis sympa, simple et travailleur. »

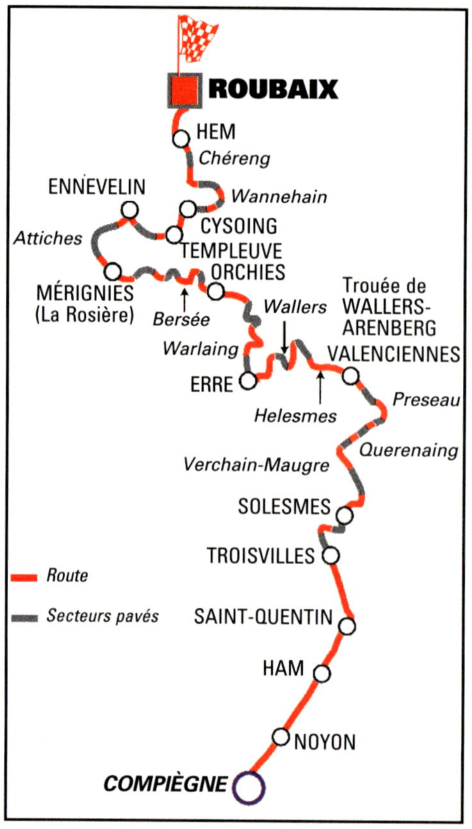

LES PAVÉS "94"

Entre Troisvilles et Valenciennes

Zone 22 - TROISVILLES : rue de la Sucrerie	2 200 m
21 - VIESLY : rue de la Chapelle	1 800 m
20 - QUIÉVY : rue de Valenciennes	3 700 m
19 - entre QUIÉVY et SAINT-PYTHON	1 500 m
18 - entre VERCHAIN-MAUGRE et QUERENAING	1 600 m
17 - de QUERENAING à ARTRES	1 300 m
- de ARTRES à PRESEAU	1 900 m
16 - de PRESEAU à FAMARS	3 900 m
TOTAL	17,900 km

Entre Valenciennes et Roubaix

Zone 15 - Traversée de la Forêt d'Arenberg	2 400 m
14 - Pavés de WALLERS	1 600 m
13 - de HORNAING à WANDIGNIES-HAMAGE	3 700 m
12 - de WARLAING à BRILLON	2 700 m
de TILLOY à SARS-ET-ROSIÈRES	2 400 m
11 - ORCHIES : chemin des Prières - chemin des Abattoirs	1 800 m
10 - de AUCHY à BERSÉE	2 700 m
9 - de BERSÉE à MÉRIGNIES	3 000 m
8 - de ATTICHES à WATTIESSART	2 100 m
7 - TEMPLEMARS	1 200 m
6 - de VENDEVILLE à PETIT-ENNETIÈRES	3 200 m
- ENNETIÈRES	500 m
5 - de PONT-THIBAUT à ENNEVELIN	1 400 m
- TEMPLEUVE : rue de l'Épinette	250 m
4 - de CYSOING à BOURGHELLES	1 500 m
- BOURGHELLES : rue A.-Briand	1 200 m
3 - Ferme de Creplaine à CAMPHIN	1 800 m
2 - de CAMPHIN-EN-PÉVÈLE au carrefour de l'Arbre	2 100 m
- GRUSON	1 100 m
1 - HEM	1 400 m
TOTAL	38,050 km
TOTAL GÉNÉRAL	**55,950 km**

Le panache de Gilbert Duclos-Lassalle magnifié par la boue.

Le Béarnais réalise à nouveau un grand Paris-Roubaix.

Il rêve maintenant du triplé pour rejoindre dans la légende Francesco Moser, vainqueur en 1978, 1979 et 1980. « Moser, l'idole de mes jeunes années », rappelle-t-il dans un élan de nostalgie, bien que très ouvert aux nouveautés techniques. Il reste fidèle à une fourche télescopique permettant d'atténuer les chocs, utilisée pour la première fois en 1991 par lui, désormais imité par la majorité des coureurs ; Et il expérimente un amortisseur placé sous sa selle, de manière à subir un minimum de pression sur la roue arrière.

Troisvilles. Une poussée de fièvre s'empare du peloton. La voix du journaliste Philippe Bouvet s'échappe de Radio-Tour : elle annonce énergiquement les premières crevaisons. Les directeurs sportifs freinent brutalement, et les mécanos se jettent sur les infortunés pour les dépanner. Le passage du premier secteur pavé se déroule sans encombre pour Duclos-Lassalle et la plupart de ses adversaires. Contrairement à 1993, où le coureur du GAN avait successivement crevé et chuté.

C'est un Tchèque qui ouvre la route. Oh, Lubos Lom sait qu'il n'ira pas bien loin... Il s'offre tout de même une échappée de 137 km, après s'être accordé une pause de 1 mn au ravitaillement de Solesmes (km 116).

Le premier drame de la course se noue dans la zone 16, la plus longue de toutes, qui s'étend sur 3 900 m entre Préseau et Famars, deux petites localités situées dans l'agglomération valenciennoise. Marc Madiot est la cible du destin. Une moto sème le trouble dans le paquet et provoque une hésitation chez Steve Bauer. Elle est fatale au Mayennais qui suit le Canadien.

Le double vainqueur de Paris-Roubaix se relève avec une fracture du trochanter – la partie supérieure du fémur. Il n'ira pas en enfer, dont les portes s'ouvrent aux rescapés à la lisière de la forêt d'Arenberg. Dix-sept coureurs l'atteignent en tête. Tous les favoris sont là, excepté l'Allemand Ludwig et le Belge Capiot, qui ne tardent pas à revenir, et l'Italien Ballerini, auquel il faut plus d'assiduité et de patience pour effacer son retard.

Roue de l'infortune à Arenberg.

Dans la tranchée d'Arenberg, la course devient carrément folle. Le pavé est plus méchant qu'ailleurs, mais il est sec jusqu'aux 300 m, où un bain de boue attend les coureurs. Chutes et crevaisons se multiplient entre les deux haies formées par le public venu nombreux goûter aux émotions fortes. Duclos-Lassalle n'est pas épargné. Sitôt entré dans la forêt, il crève de la roue avant. Francis Moreau se porte à son secours. Duclos repart. Devant lui, son jeune équipier Eddy Seigneur panique, dérape, déchausse et gêne « Gibus », dont l'élan est également freiné par la lanière du caméscope d'un spectateur. Quelle guigne ! Il s'extirpe de l'affreux goulet avec un retard de 1'20".

Mais « le vieux » ne capitule pas. Bien au contraire. Les événements défavorables décuplent son énergie guerrière. Il retourne à la bagarre et rejoint la tête de la course dans les environs d'Hornaing, 12 km plus loin. Bruno Boscardin tente sa chance à Orchies (km 189). Son avantage culmine à 1', puis l'Italien est repris par son compatriote Franco Ballerini, les Néerlandais Adri Van der Poel et Nico Verhoeven, le Belge Johan Museeuw et cet homme qui roule vers la gloire sans qu'on le sache encore, le Russe Andreï Tchmil.

Il reste 62 km à couvrir pour atteindre le vélodrome de Roubaix, certains sur des pavés d'épouvante, car la course touche à son paroxysme quand le leader de l'équipe Lotto porte une franche attaque. Jamais, dans un Paris-Roubaix de l'ère moderne, un homme n'avait pris le risque de tenter sa chance d'aussi loin avec le succès au bout de son œuvre. Le Russe ose. Il creuse rapidement l'écart sur ses poursuivants, qui atteint 40" à la sortie du secteur pavé de Templemars débouchant sur la zone 6. La terrifiante et marécageuse zone 6, à une quarantaine de kilomètres de l'arrivée, où Duclos-Lassalle et Ballerini sombrent pour de bon.

Trois membres de l'équipe GB-MG, Museeuw, Willems et Baldato, chassent derrière Tchmil. Le petit Dario Bottaro les accompagne. Bientôt, il ne reste plus que Museeuw pour assurer la poursuite. Puisque la victoire ne se partage pas, le Belge roule à l'orgueil en ignorant la supériorité numérique qu'affiche toujours sa formation, malgré la crevaison de Fabio Baldato. Dans la zone 5, il n'est plus qu'à 6" de Tchmil. Une misère, mais le Russe n'est pas un misérable coureur. « J'avais repéré la fin du parcours, je savais qu'elle serait terrible, avoue-t-il après l'arrivée. Quand Museeuw est revenu sur moi, je n'ai pas paniqué, parce que je n'étais pas "mort". » Son rival acquiesce du bout des lèvres : « Tchmil était simplement trop fort. »

Museeuw n'en peut plus. Il cède. Puis il connaît de graves problèmes avec son vélo révolutionnaire, dépourvu de tube horizontal entre la selle et le guidon. A 17 km de l'arrivée, Tchmil possède 2' d'avance sur un groupe de poursuivants qui a avalé Museeuw. Il triomphe en seigneur au vélodrome de Roubaix.

L'autre grande et forte émotion, de celles qu'on n'oubliera pas non plus de sitôt, avait plané, elle, sur la marécageuse zone 6, au-dessus de ces deux hommes qui roulent dans un miracle permanent, boyaux à plat, l'un derrière l'autre. Les pavés regorgent d'eaux boueuses, et le cœur de Duclos et de Ballerini est, à cet instant-là, à marée basse. Les héros de l'édition précédente sont comme deux capitaines pris dans la même tempête. Sur un îlot encerclé par les flaques, un silex les a réunis dans l'impuissance. Leurs visages se tordent sous les effets conjugués de la fatigue et de la rage. Entre Vendeville et Ennetières, entre un fol espoir et une cruelle désillusion, c'est d'abord le boyau de l'Italien qui rend l'âme et Franco qui perd la sienne. Duclos le dépasse sans un regard, mais la malchance le rattrape à son tour. « J'ai crevé au plus mauvais moment, lâche plus tard le Français. J'ai attendu 2'30" avant d'être dépanné, car les voitures suiveuses étaient bloquées à l'arrière. Par la suite, j'ai mené une poursuite infernale, mais la motivation n'y était plus. Sur le vélodrome, le public m'a acclamé comme si j'avais gagné… pourtant je n'ai pas gagné. J'ai terminé 7e. Je crois que j'étais encore plus fort qu'en 1993. »

Pour Ballerini, l'enfer est toujours pavé de mauvaises intentions.

Andreï Tchmil pathétique dans l'effort. Son audace a payé.

Ballerini, 3e derrière Tchmil et Baldato, malgré cinq crevaisons et trois chutes (!), enchaîne, avec dans la voix un désespoir qui ressemble à de la douleur: «Je n'enlèverai jamais cette classique. Je n'attendrai pas d'avoir l'âge de Duclos pour espérer la remporter. Je finirai par la haïr avant...» ou par l'aimer d'un amour violent, il ne sait plus très bien, le brave Franco, au soir de ce Paris-Roubaix digne de sa légende.

L'HOMME QUI VIENT DE NULLE PART

Andreï Tchmil est né il y a trente et un ans en Sibérie, près de la frontière chinoise, de parents russes, un père avocat disparu trop tôt et une mère cantatrice qui l'a élevé en Crimée. Sa femme Helena est ukrainienne; elle a participé au Tour de France féminin. Son passeport est moldave, parce qu'Andreï était licencié dans le club de Chisinau avant l'éclatement de l'Union soviétique. Il a commencé sa carrière en Italie, porte le maillot d'une équipe belge et roule sur un vélo brésilien. Il habite en France, et pas n'importe où: à Roubaix, rue de Soubise, à quelques centaines de mètres du vélodrome. «Je suis de nulle part», dit ce citoyen du monde sans oublier d'où il vient, lui, le premier coureur d'un pays de l'Est à s'adjuger une grande classique...

Début 1989, Tchmil appartient, avec quatorze autres coureurs soviétiques, à la première équipe professionnelle de la future ex-URSS, installée à Rimini en Italie, et sponsorisée par la firme Alfa Lum, basée à Saint-Marin. Leur directeur sportif, Primo Franchini, est italien. En 1987, Andreï a remporté le Tour de Cuba, l'une de ses rares victoires d'envergure internationale. Il n'a jamais pu enfiler le célèbre maillot rouge frappé des lettres CCCP au départ d'une édition du Championnat du monde ou à la Course de la Paix, du fait d'une concurrence acharnée.

Tchmil est de nulle part, et pourtant il revient de loin. «Après ma première course chez les pros, la Semaine Sicilienne, je voulais raccrocher», se souvient-il. Chez Alfa Lum, il

Un Russe triomphe sur le vélodrome nordiste. Du jamais vu!

Devant son immeuble, à Roubaix.

côtoie Dimitri Konyshev, Djamolidine Abdoujaparov et Piotr Ugrumov; et, surtout, la légende vivante du cyclisme de l'Union soviétique, Sergueï Soukhoroutchenkov, pour lequel l'aventure professionnelle ne dure que quelques mois. «Soukho» a le plus beau palmarès dont puisse rêver un amateur (entre autres, un titre olympique, deux Courses de la Paix et deux Tours de l'Avenir). A près de 33 ans, le capitaine de l'armée soviétique qu'il demeure se porte volontaire pour rouler à l'Ouest, dans ce monde qu'il découvre vraiment, car il n'y a plus de «commissaire du peuple» pour l'accompagner et répondre à sa place. Mais, au bout de quelques mois loin de sa femme et de ses quatre fils restés à Leningrad, il s'aperçoit que sa mission est devenue impossible. Il rentre chez lui et les jeunes Russes seront privés de ses connaissances.

Tchmil, lui, est entre les deux âges. Il vient de fêter ses 26 ans et il s'accroche, parce que «je pensais que c'était une bonne façon de gagner ma vie», explique-t-il aujourd'hui. Son salaire mensuel est inférieur à 5 000 F. Aussi énorme pour un Russe que ridicule pour un professionnel.

L'équipe Alfa Lum est dissoute à la fin de la saison 1990. Tchmil, devenu libre comme l'air, choisit de respirer celui de la Belgique, dans une petite formation belge commanditée par SEFB, une caisse d'épargne. En 1992, il franchit un nouvel échelon en signant chez GB-MG, une équipe italo-belge appelée à devenir une grande puissance du cyclisme. Réduit au rôle de gregario, au service de Johan Museeuw et de Mario Cipollini, Tchmil ne remporte qu'une seule course en deux ans: le Championnat de... Flandre-Occidentale. «Malgré cela, j'étais bien chez GB, car j'y apprenais beaucoup. Mais il me fallait tenter ma chance ailleurs pour ne pas avoir de regrets plus tard.» Ailleurs, c'est Lotto, l'équipe belge dirigée par Jean-Luc Vandenbroucke, en quête d'un leader. Andreï, Helena et leur fils Maxime quittent l'Italie pour le nord de la France, afin de se rapprocher de VDB, qui habite à Mouscron, près de la frontière française. Ils s'installent à Roubaix, au 146 de la rue de Soubise, dans le deux-pièces-cuisine d'une HLM.

Fin août 1993, aux Championnats du monde, à Oslo, il a lui-même payé son inscription (environ 15 000 F) car la Fédération moldave n'en avait ni les moyens ni l'envie. Il ne porte pas les couleurs officielles de son pays, simplement un maillot blanc. Ce 29 août, il refuse de servir les desseins de Museeuw. «La Moldavie n'est pas une province belge», a-t-il répondu avec humour à la colère majuscule de son leader d'équipe de marque. Ce garçon discret et affable s'exprime pour la première fois comme un leader. Sept mois plus tard, dans Paris-Roubaix, Museeuw fait la très amère expérience de la métamorphose d'Andreï Tchmil, coureur de partout et de nulle part...

Berzin séduit «la Doyenne»

Eddy Merckx dispose de 5 % du capital de Liège-Bastogne-Liège. Ou plutôt, de son palmarès. Le plus grand champion de l'histoire du cyclisme a en effet enlevé à cinq reprises la classique déployant son parcours dans les Ardennes belges, surnommée affectueusement «la Doyenne» et qui fête ses 100 ans en 1994! Bien sûr, Merckx a fait mieux dans Milan-San Remo en signant sept succès, mais le parcours vallonné de LBL ne laissant quasiment aucune part au hasard était à la mesure du féroce appétit du «Cannibale». Dans *L'Équipe*, Philippe Bouvet compare joliment l'aller et le retour entre la cité ardente avec une épreuve Clermont-Aurillac Clermont, jamais sortie des imaginations. Les Ardennes belges, c'est effectivement un peu le Massif central, sans les volcans. Mais le relief de cette magnifique région où les forêts et les pâturages à perte de vue sont souvent gouvernés par le silence est tout autant prononcé.
Les organisateurs ont le choix pour placer des difficultés sur la route des coureurs. Cette année, ils retiennent treize côtes, dont la dernière se trouve à proximité de l'arrivée jugée à Ans, ville haut perchée surplombant Liège.

Le mur de Stockeu est l'une des plus redoutables. C'est dans cette côte longue de 1 000 m, qui s'élève dans une fourchette allant de 13 à 17 %, avec un bref passage à 21 % au nez des coureurs, que Merckx avait construit la plupart de ses victoires.

Les souvenirs de Tony Rominger démarrent plus tard. Lors d'un Liège-Bastogne-Liège d'anthologie en 1980, disputé sur une route enneigée, gagné par Bernard Hinault, qui avait dû maîtriser les éléments avant de penser à battre ses adversaires. Le Néerlandais Hennie Kuiper avait obtenu la deuxième place à 9' 24" du Breton, et seuls 21 des 174 partants étaient arrivés à Liège sur leur vélo! «La performance de Bernard Hinault m'avait marqué, relève Rominger. Je ne pense pas que cette course soit faite pour moi, car les ascensions y sont trop courtes pour que je puisse créer la différence. Mais elle représente l'histoire du vélo, et la gagner me permettrait d'assouvir une satisfaction personnelle», avoue-t-il.

Naissance d'une étoile.

Le Suisse est très lucide. Sur sa forme montrée au Tour du Pays basque – il était une jambe au-dessus des autres – et à une semaine du départ du Tour d'Espagne, dont il fait à nouveau figure de grand favori, Rominger sait qu'il montera les côtes en tête et qu'il sera présent dans le final de Liège-Bastogne-Liège. Mais avec qui? Probablement en compagnie d'un coureur plus rapide que lui et qui se fera un plaisir de l' «arranger» à Ans, comme en 1993, avec dans le rôle du briseur de rêves le Danois Rolf Sörensen. Rominger ne préfère pas trop y penser lorsqu'il s'élance depuis les bords de la Meuse en ce dimanche ensoleillé, au sein d'un peloton fort de 188 coureurs.

Il laisse filer les «sacrifiés» du petit matin, parmi lesquels les Français Francis Moreau et Dante Rezze, et passe à l'action dans la fameuse côte de Stockeu au km 178, soit à 90 km de l'arrivée. «C'est un endroit stratégique et un atout important dans le jeu des attaquants, témoigne l'ex-champion du monde Claudy Criquielion, commentateur de Radio-Télévision Belge. Il faut l'attaquer devant, avec 42 × 19, parce que dans la pente on ne peut plus descendre du gros plateau. Dans le plus dur, ça passe avec 42 × 23, et le rôle de Stockeu, c'est d'étirer tout le monde avant la Haute-Levée. En résumé, c'est la plus dure de toutes, avec La Redoute, où l'on a 220 bornes dans les jambes.»

Rominger a reçu le message cinq sur cinq. Une première sélection se produit sous l'impulsion du Suisse. Six kilomètres plus loin, l'affaire est pliée. Dans la magnifique Haute-Levée, longue de 3 600 m et presque rectiligne, ils ne sont plus que sept à ouvrir la route: Rominger, bien entendu, et l'un de ses équipiers, Stefano Della Santa, de la formation Mapei; Giorgio Furlan, Moreno Argentin et

Ronan Pensec (meilleur Français des « Ardennaises », 15e à Liège, puis 9e de La Flèche) à la peine face à Evgueni Berzin et Giorgio Furlan.

Dans la côte de Stockeu, Tony Rominger fait le ménage.

Evgueni Berzin, trois de la Gewiss; Claudio Argentin, qui a toujours apprécié les bosses de « la Doyenne », et le champion du monde Lance Armstrong. L'Américain se rassure enfin. De son propre aveu, il se traîne depuis le début de la saison et le doute l'a assailli. Il a tout fait pour être prêt au printemps: « J'ai parcouru 7 000 km pendant l'hiver, chez moi, aux États-Unis, et je suis passé de 68 à 64 kg », rapporte-t-il. Il a été lâché au Tour des Flandres, où il a été fort malchanceux sur le plan de la mécanique, et il a renoncé à Paris-Roubaix. Devra-t-il souffrir, lui aussi, du mystérieux syndrome qui frappe depuis plusieurs années le porteur du maillot arc-en-ciel? Le déclic semble s'être produit. A son grand soulagement...

Le groupe progresse sans un seul Français, un scénario déjà connu pendant la saison des classiques. Armand De Las Cuevas, que l'on attendait au virage, est victime d'une chute dans le sillage de son équipier Jean-Cyril Robin, qui se relève, lui, avec une fracture du scaphoïde. Pour le Bordelais, la course est finie. Derrière, la démission est presque totale, alors qu'il reste 85 km à effectuer! Andreï Tchmil se contente d'assurer le train pour grappiller quelques points au classement de la Coupe du monde, dont il est le leader depuis son triomphe à Roubaix. Devant, un seul homme est lâché du groupe dans la côte de Lorcé (km 215), et pas le moindre. C'est Moreno Argentin, qui n'en peut plus, et donne jusqu'à sa dernière goutte de sueur pour Furlan et Berzin. L'Italien, quadruple vainqueur de LBL, n'égalera donc pas Merckx.

Furlan, on le connaît depuis sa victoire dans le Milan-San Remo, mais Berzin... Sa carte de visite 1994 est très flatteuse pour un coureur professionnel dans sa deuxième année, puisqu'elle fait état d'une victoire dans le contre-la-montre du Critérium International (3e au général), assortie d'une deuxième place aux classements de Tirreno-Adriatico et du Tour du Pays basque, respectivement derrière Furlan et Rominger. Ce qu'il sait faire, Berzin

Rominger s'inquiète de la résistance de Berzin. Chiappucci est toujours là.

Un jeune Russe s'enfuit dans les faubourgs de Ans, au-dessus de Liège.

meurt d'envie de le montrer quand Furlan, qui enregistre la disparition d'Argentin, dommageable pour l'équipe Gewiss, souffle à l'oreille du jeune Russe : « Je me sens bien, sans plus. Si l'un de nous deux devait attaquer, le mieux serait que ce soit toi, pour surprendre les autres. »

Berzin a des fourmis dans les jambes. Attaquer, oui. Mais quand ? La réponse lui est fournie, dans l'ultime côte qui mène à Ans, par Rominger en personne. Ou plutôt par l'incident qu'a provoqué un rayon cassé, anéantissant les derniers espoirs du Suisse, scotché à la route moins de 7 km avant l'arrivée. C'est le signal de l'attaque pour Berzin, qui extériorise ses immenses qualités de poursuiteur pour créer rapidement et sensiblement l'écart. Della Santa est encore déboussolé par l'infortune de Rominger, Chiappucci refuse d'assurer la chasse, comme le lui demande Armstrong, le meilleur sprinter du lot, et Furlan reste bien au chaud dans les roues. Berzin triomphe et s'exclame : « On va peut-être enfin comprendre que nous (les coureurs de l'Est) sommes capables d'autre chose que de travailler pour les autres. Aujourd'hui, je suis fier pour la Russie. » Il peut l'être de lui-même, le petit Evgueni. Au classement, il précède Lance Armstrong de 1'37".

« 1er Russie, 2e États-Unis : c'est du vélo ! » titre le soir même et avec ironie le quotidien liégeois *La Meuse*...

UN CHAMPION EST NÉ

Evgueni Berzin est un petit blondinet (1,70 m, 64 kg), qui roule avec bonheur vers ses 24 ans. Il s'en faut d'une semaine pour qu'il devienne le premier Russe vainqueur d'un « monument » du cyclisme, c'est-à-dire une très grande classique. Andreï Tchmil l'a précédé de quelques jours en remportant Paris-Roubaix. Mais lui, Berzin, a un avenir. Un vrai. « Je suis un Russe de la deuxième génération », apprécie-t-il. La première s'est partagée entre les impératifs de l'équipe nationale et la découverte du monde des professionnels, il y a cinq ans. La seconde, dont il est le leader grâce à sa classe folle, a pu s'épanouir rapidement.

Evgueni Berzin, premier Russe au palmarès de Liège-Bastogne-Liège.

Avec son ami Vladislav Bobrik, il s'est écarté d'Alexander Kuznetzov, l'entraîneur qui lui avait ouvert (à 14 ans) les portes de sa célèbre école de la piste (aux futures étoiles) de Leningrad. Kuznetzov est l'homme de fer du cyclisme russe. Sous sa coupe, Berzin devient champion du monde de poursuite à Maebashi, au Japon, en 1990.

A 20 ans, il supporte de plus en plus mal les charges d'entraînement («jusqu'à trois séances par jour!») et la discipline qu'impose Kuznetzov. Il prend alors la direction de Moscou et rejoint, en compagnie de Bobrik, le CSKA, le club de l'armée. C'est sous ses couleurs qu'il débarque en France, en 1992, afin de participer au Ruban Granitier Breton. Alexandre Lapteff, 59 ans, un Français d'origine russe fixé en région parisienne, les accueille au titre de représentant du CSKA dans l'Hexagone. Il raconte: «L'organisateur Michel Nédélec m'avait demandé de lui envoyer "des Russes qui tiennent la route", car il avait été déçu lors de l'édition précédente. Evgueni a gagné l'épreuve, et l'équipe a tout raflé.»

Malheureusement pour eux, Berzin et Bobrik ne sont pas retenus pour les jeux Olympiques de Barcelone, à la suite d'une intervention de Kuznetzov, qui a usé de sa grande influence au sein du comité de sélection et a fait payer au prix fort le départ de ses anciens élèves.

«Puisque c'est ainsi, on voudrait rester en France, près de toi», soufflent à Lapteff les deux jeunes coureurs au mois de septembre. Ce dernier propose leurs services à plusieurs directeurs sportifs. «Je leur ai dit: "Prenez-les tous les deux, vous ferez une bonne affaire. Berzin a le profil d'un futur grand. Je m'en porte garant..." Ils m'ont répondu que je rêvais un peu. Bruno Roussel était bien intéressé, mais l'équipe RMO était sur le point de disparaître. Alors, j'ai dit à Evgueni et à Vladislav: "Désolé, les garçons, je ne peux rien faire pour vous".»

Finalement, la Fédération russe les autorise à signer une licence amateur en Italie, au club de Cuoril, dirigé par Emanuele Bombini. En 1993, ce dernier devient le directeur sportif de l'équipe Mecair et leur tend leur premier contrat professionnel. Ils côtoient alors l'ancien champion du monde Moreno Argentin et le Letton Piotr Ugrumov, 2e du Giro derrière Indurain cette année-là. Un an plus tard, Berzin enfile le maillot de la Gewiss. Sa victoire dans Liège-Bastogne-Liège n'est qu'un début, selon lui. Il dit vrai, car ce météore va répandre son immense talent durant les trois semaines du Tour d'Italie.

GEWISS

Les Gewiss dans le mille

Argentin en patron.

Trois jours après la victoire de son jeune prodige russe Evgueni Berzin dans Liège-Bastogne-Liège, l'équipe Gewiss ne veut surtout pas s'arrêter en si bon chemin : elle est résolue à offrir un beau cadeau d'adieu à Moreno Argentin, qui dispute sa dernière Flèche Wallonne. Jamais l'Italien n'a trouvé un terrain aussi fertile pour exprimer ses qualités que dans celui des classiques ardennaises, au profil vallonné. Ces lignes dans son palmarès en sont le témoignage éclatant : quatre victoires dans Liège-Bastogne-Liège en 1985, 1986, 1987 et 1991 ; deux succès dans la Flèche Wallonne en 1990 et 1991.

Argentin veut, certes, partir en beauté. Mais il ne se doute pas un instant du scénario irréel qui va marquer la course. A 72 km de l'arrivée, exploitant à merveille un travail de sape de leurs équipiers, trois hommes de la Gewiss ouvrent la route. Argentin compte parmi eux, bien sûr. Il y a aussi –inévitablement– Giorgio Furlan et Evgueni Berzin. C'est ce dernier qui provoque la cassure avec un peloton encore entier dans l'avant-dernière ascension du mur de Huy, point stratégique de la Flèche Wallonne, dont la pente longue de 800 m présente des passages à 18 %. Le Breton Laurent Madouas est proche de la tête du peloton, mais cette précaution se révèle inutile. « Berzin a fait monter la côte à bloc, témoigne-t-il après l'arrivée. Dans le mur, il y avait un replat, et j'ai vu qu'il passait sur le grand plateau ! Moi, j'étais sur le 39 × 16, et lui devait être sur 53 × 17. J'ai cru voir passer un avion à réaction. » Berzin met les gaz et, dans son démarrage, il aspire Argentin et Furlan. « Nous voulions former un petit groupe de tête, mais sans imaginer que ce groupe ne serait composé que de nos trois coureurs », soutient Emanuele Bombini, le directeur sportif des fusées bleues. Le festival commence. Il débouche sur un exploit unique, car c'est la première fois dans l'histoire du sport cycliste qu'une équipe pèse avec une telle insolence sur la physionomie d'une classique. On doit remonter à 1951 pour redécouvrir le nom des Gueguen, Gauthier et Baldassari, tous issus du groupe Mercier, classés aux trois premières places dans cet ordre à l'arrivée de Paris-Bruxelles, après 326 km de course.

Dans la Flèche Wallonne, les Gewiss inventent la pratique du contre-la-montre dans une épreuve en ligne. Ils roulent en pleine lumière et écœurent un peloton cédant rapidement au découragement. « Je me doutais qu'il y aurait un moment de flottement derrière nous et que nous allions creuser l'écart le temps que la poursuite s'organise ; que, dans le peloton, chacun prenne ses responsabilités en espérant que l'autre fournisse l'effort. De toute façon, il était trop tard pour reculer », raconte Argentin un peu plus tard. Un bref suspense existe lorsque l'avance du trio magique décline sous l'impulsion des GB-MG, qui tentent de sortir le peloton de leur torpeur. Elle est de 1' 15" au pied de la côte d'Ahin, située à 12 km de l'arrivée à Huy. Dans la montée, Berzin joue à nouveau le rôle de la locomotive et mène un train d'enfer. Au sommet, l'écart remonte à 1' 34". Berzin prouve, en de multiples occasions, qu'il est le plus fort des trois, mais le Russe est là pour dérouler le tapis rouge à Argentin.

Au volant de sa voiture, Bombini ne laisse planer aucun doute lorsque le reporter installé sur une moto de Radio-Télévision Belge lui demande : « Qui va vaincre ? »

« Argentin. Tout est prévu », répond-il avec une froide assurance.

Le mur de Huy se dresse pour la dernière fois aux trois coureurs. Berzin s'efface, puis c'est au tour de Furlan de laisser la place nette à Argentin, qui lève les bras sans crier sa joie, car ce n'est pas le genre de la maison, et ce succès n'est, bien entendu, pas seulement le sien. « Pour ma dernière saison, je gagne ma dernière classique ardennaise et ma troisième Flèche Wallonne. C'est l'apothéose. »

Dans le terrible mur de Huy, Evgueni Berzin sert de locomotive à Giorgio Furlan et à Moreno Argentin. Le train bleu des Gewiss est sur les rails.

Au terme des classiques désertées par les Français, le culot de Didier Rous dans l'Amstel fait plaisir.

La revanche de Museeuw

Dans Maastricht, Johan Museeuw mène devant Bruno Cenghialta. Le verdict n'est pas douteux.

Lors de chaque dernier samedi du mois d'avril, des dizaines de milliers de spectateurs se massent sur le bord des petites côtes appelées « berg » et au nombre de 28 qui serpentent dans le Limbourg néerlandais. L'Amstel Gold Race, épreuve née en 1966 – Jean Stablinski ouvrit le palmarès – pour promouvoir la bière du même nom, n'a ni l'ancienneté ni le prestige de Milan-San Remo, de Paris-Roubaix ou de Liège-Bastogne-Liège. Mais elle jouit d'une immense popularité aux Pays-Bas, où l'on aime le cyclisme, en dépit de la pénurie actuelle de champions qui frappe la discipline. Où l'on savoure d'autant plus le spectacle offert par les coureurs que les courses professionnelles sont peu nombreuses dans la nation de Zoetemelk. L'aimable Joop est le dernier Hollandais à s'être adjugé le Tour de France, en 1980, et il couronna sa remarquable carrière en remportant la « Gold Race » en 1987. Il avait alors 40 ans et 4 mois !

C'est dans ce Limbourg situé au carrefour de la Belgique et de l'Allemagne – capitale

Battu sur le fil par Bugno dans les Flandres, Museeuw se venge aux dépens d'un autre Italien aux Pays-Bas.

Maastricht – parsemée de toboggans verts que Didier Rous, un jeune Français de 23 ans originaire de Montauban recruté par le Gan, s'amuse comme un petit fou.

Premières émotions dans une classique comptant pour la Coupe du monde : dès que ça grimpe, ce jeune Français sent l'adrénaline monter en lui. Il s'infiltre dans le goulet laissé par le public aux fuyards, car Rous n'est pas seul. Il se trouve accompagné, durant 15 km, par le Danois Bjarne Rijs, un ancien équipier de Laurent Fignon, solide coursier de la puissante équipe Gewiss, classé 5e du Tour 93. « Lorsque nous avons eu 50" d'avance sur le groupe de chasse, à 30 km de l'arrivée, j'ai commencé à y croire », raconte-t-il après coup, avec une envie insatisfaite née d'une performance prometteuse.

Malheureusement, Rous « coince » 10 bornes plus loin, dans la côte d'Halembaye, répertoriée en Belgique, où la course fait une incursion. Un peu plus loin, Rijs capitule à son tour. Il est grand temps pour Johan Museeuw de prendre le large. « J'ai perdu le Tour des Flandres pour 2 cm derrière Bugno. Dans Paris-Roubaix, j'ai couru vainement après Tchmil. Il ne restait plus que l'Amstel pour sauver mon printemps », explique le Belge à Maastricht, qui règle au sprint l'Italien Bruno Cenghialta.

Pour la première fois depuis le début de la saison des classiques – à l'exception de Duclos-Lassalle dans Paris-Roubaix –, les Français n'ont pas subi les événements. Didier Rous, 10e à l'arrivée, a mis beaucoup de panache dans ses efforts. Gérard Rué (8e) de la conviction, et Richard Virenque (9e) s'est enfin rassuré sur sa condition physique. Avant eux, Charly Mottet et Ronan Pensec, partenaires chez Novémail, ont montré le maillot. Tous ces frémissements mettent un peu de baume au cœur des coureurs de l'Hexagone, archidominés par les équipes italiennes, Gewiss surtout, mais aussi GB-MG et Polti, victorieuses de six des sept classiques du printemps ! Malgré ce trust quasi historique, la première place du classement de la Coupe du monde est occupée par le Russe Andreï Tchmil, lequel signe, dans le courant du mois de mai, un nouveau contrat le liant pour deux saisons supplémentaires à la formation belge Lotto. Selon une clause du document, Tchmil peut quitter Roubaix, où il a élu provisoirement domicile, pour s'installer en... Italie. Le pays de ses rêves à lui aussi.

La peur en trois lettres

Les classiques du printemps s'achèvent dans la tourmente pour le médecin italien Michele Ferrari, l'ex-disciple du professeur Francesco Conconi dont les nombreuses connaissances et expériences dans le domaine de la physiologie restent étroitement liées au succès de Francesco Moser lors de son record du monde de l'heure, en 1984.

Le 21 avril, soit au lendemain de l'extraordinaire triplé réussi par ses coureurs (1. Argentin, 2. Furlan, 3. Berzin) dans la Flèche Wallonne, le docteur Ferrari effectue des déclarations stupéfiantes sur le sujet brûlant du dopage, qui provoquent, quelques jours plus tard, son licenciement de l'équipe Gewiss. Morceaux choisis d'une interview donnée à *L'Équipe*: « Tous les produits qui ne sont pas interdits par le règlement sont donc autorisés. Si j'étais coureur et si je connaissais l'existence d'un produit non détectable et capable d'augmenter la performance, je l'utiliserais »... « L'EPO n'est pas dangereuse, c'est son abus qui l'est. Il est aussi dangereux de boire 10 l de jus d'orange. Si un coureur l'utilise, cela ne me scandalise pas. »

EPO. Ces trois lettres qui font frémir représentent l'abréviation d'érythropoïétine, médicament produit en laboratoire pour combattre les déficiences rénales. Cette hormone libère la production de globules rouges par la moelle épinière et accroît la capacité du sang à transporter l'oxygène. Selon certains scientifiques, l'EPO permettrait une augmentation de 10 % des performances de l'athlète, estimation néanmoins très contestée par d'autres spécialistes. Enfin, ce produit ne serait pas décelable aux contrôles antidopage...

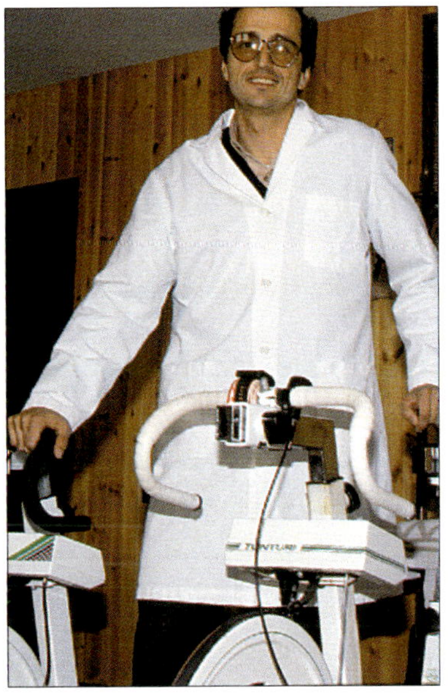

Quoi de neuf, docteur?

Mais, surtout, cette substance a des effets secondaires qui risquent d'être irrémédiables, car elle épaissit le sang et peut provoquer un arrêt cardiaque au repos.

Lorsque le 27 mars, à l'issue de la Flèche Brabançonne, le Belge Edwig Van Hooydonck laisse entendre, sans apporter la moindre preuve, que les coureurs italiens se dopent avec de l'EPO, ses propos, rapportés dans des journaux de son pays, font resurgir, aux Pays-Bas, le spectre d'un drame survenu quatre ans plus tôt. Au petit matin du 27 février 1990, le coureur professionnel néerlandais Johannes Draaijer décède, à 27 ans. « Il a pris de l'érythropoïétine », révèle sa veuve. Au total, 17 autres Belges et Hollandais amateurs et professionnels connaissent une mort « subite et précoce », d'après les multiples examens du cœur qui ont été pratiqués.

Le 3 avril, à la veille du Tour des Flandres, le Néerlandais Hein Verbruggen, président de l'Union cycliste internationale, dénonce l'amalgame qui est fait entre la réussite sportive du cyclisme italien et le dopage. Il loue la manière très professionnelle avec laquelle les Transalpins appréhendent les exigences et les difficultés inhérentes au sport cycliste: « Il est risible de supposer que l'utilisation d'un produit disponible dans de nombreux pays soit uniquement limitée à la population sportive d'une seule nation. »

Au nom de l'Association des coureurs italiens, Davide Cassani menace: « Nous allons intenter un procès à tous ceux qui mettront nos performances en doute sans aucune preuve, qu'ils soient coureurs ou journalistes. Si Van Hooydonck persiste, il devra nous le dire en face, et devant des témoins. »

Il reste que, au début de l'année, le professeur Conconi, chargé par le Comité international olympique d'effectuer des travaux sur l'EPO afin de rendre cette substance décelable au contrôle médical, a fait part de son trouble dans le mensuel italien *Bicisport*: « Quand je prélève du sang de certains athlètes, je contrôle aussi la présence de substances suspectes. Parfois, j'ai cherché l'EPO. Il m'est arrivé d'en trouver. Je n'en ai parlé qu'à un seul coureur. Je lui ai dit: "Tu as pris de l'EPO?" Il a dit oui. Aurait-il pu mentir?... »

Pour Graeme Obree, un nouveau record du monde de l'heure en parcourant 52,713 km le 27 avril à Bordeaux.

Obree, adieu génie !

Sa position est autorisée pour la dernière fois. L'UCI met le frein.

L'enterrement de sa vie de garçon sert parfois de prétexte à une fête inoubliable. Le mercredi 27 avril, sur la piste de Bordeaux, c'est sur son vélo, autrement dit son âme, l'élément moteur de sa vie, que Graeme Obree met une croix définitive. Avant cela, il lui reste un dernier défi à relever, un challenge, comme disent les Britanniques, et aujourd'hui les chefs d'entreprise français. Obree est tout à la fois : concepteur, fabricant, promoteur, acteur. Sa polyvalence perce sous les traits de son génie. Car, n'en déplaise à certains, irrités par la gloire soudaine de cet Écossais inconnu avant son premier record de l'heure du 17 juillet 1993 (51,596 km), Obree est bien un génie. « Un génie et pas un clown. Voilà ce qu'est un type qui invente une position aussi extraordinaire », insiste le professeur Conconi. Un type qui fait la nique aux plus grands couturiers du vélo – les constructeurs italiens, notamment, jouissent de la meilleure réputation – et aux ergonomes dont les recherches et les analyses font autorité dans le milieu. Sa machine hante les nuits des dirigeants de l'Union cycliste internationale, pris de vitesse par ce chômeur de 28 ans – il a fermé son magasin de cycles –, né en Angleterre de parents écossais, marié à Ann et père de deux enfants, Ewin et Jamie, qui habitent un modeste logement au 238, Prestwick Road, dans la petite ville d'Ayr, au sud de Glasgow.

Qu'a-t-il donc fait de si extraordinaire, ce cher Graeme ? Il a inventé un vélo. Et quel vélo ! Son cadre possède un tube transversal et lui donne l'allure d'une bicyclette pour dame. L'essentiel de son originalité réside dans la position qu'il demande à son utilisateur. Elle rappelle celle de l'« œuf » adoptée naguère par les skieurs. Les coudes d'Obree sont repliés sous les aisselles, et son menton frôle le petit guidon qu'il a installé. Très avantageuse sur le plan de l'aérodynamique, la position semble, par ailleurs, parfaitement inconfortable, sauf pour un homme qui l'a travaillée depuis longtemps. « Pendant des années, j'ai eu les muscles des bras tétanisés », reconnaît-il. Placé très à l'avant, l'Écossais bénéficie ainsi d'une force substantielle pour pousser sur les pédales, ce qui lui permet d'employer un braquet invraisemblable de 52 × 12 et de parcourir 9,25 m à chaque tour de manivelle !

Son histoire est belle, elle relèverait presque du conte de fées. On lui ajoute deux anecdotes croustillantes qui la rendent carrément folle : son cadre aurait coûté 60 livres (500 F) à son propriétaire, qui n'est pas un premier prix de soudure – des brasures parfois grossières apparaissent –, et comprendrait deux pièces récupérées sur une vieille machine à laver. « C'est une idiotie, on se moque des gens, mais ça fait vendre des journaux ! », s'insurge un directeur sportif français.

Claude Droussent, le rédacteur en chef de *Vélo Magazine*, s'est rendu chez Obree à l'automne dernier. Pour les lecteurs français, celui-ci a accepté de démonter et de remonter son vélo. « L'histoire de la machine à laver est vraie, témoigne Droussent. La première pièce est un morceau de tôle émaillée qui a servi de base au tube de selle, au-dessus de la boîte de pédalier. Pour preuve, Graeme nous a ressorti une réplique de l'atelier de son copain mécano

Merci Graeme, tu nous as fait rêver !

Gordon. La deuxième est le roulement qu'il a inséré dans sa boîte de pédalier. Celle-ci, étroite (4 cm à peine) car profilée et de circonférence plus importante que la normale, ne pouvait recevoir aucun roulement standard pour vélo. »

Dans sa générosité, Obree accepte de prêter son vélo au journaliste, puis, lorsqu'il le voit s'éloigner, il dit en s'adressant à William Fotherigam, reporter à la revue britannique *Cycle Sport* : « Pourvu qu'il n'ait pas d'accident. Je n'ai que celui-là. » « Obree est souvent ainsi, il agit, puis il réfléchit », rapporte notre confrère anglais.

Le 27 avril, sur la piste en bois du vélodrome de Bordeaux, Graeme n'a plus le temps de réfléchir. Il doit agir vite. Reprendre son bien que lui a chipé son compatriote Chris Boardman le 23 juillet 1993 dans cette même enceinte en parcourant 52,270 km. Battre le record avant qu'on lui interdise l'utilisation de son vélo...

Cette fois, il évite d'enregistrer une chanson de rock, comme il l'a fait quelques mois plus tôt à Bruxelles juste avant de participer au Grand Prix Eddy Merckx : il renonce également au verre de pastis bu d'un trait dans les instants précédant le « chrono » des Herbiers. Le fantasque Écossais se contente d'engloutir une banane à moins de dix minutes du départ de la course la plus importante qu'il ait jamais disputée. « Je joue ma vie sur cette tentative. Je suis prêt à laisser mes tripes sur la piste », souffle-t-il. Il s'isole dans sa cabine, et sacrifie à des exercices d'assouplissement de ses bras d'albatros et de ses longues jambes. Quand Ann, qui porte Jamie, âgée de 5 semaines, aperçoit son mari, elle l'appelle d'une voix pathétique et lui lance : « You'll do it, Graeme ! »

Et Graeme va le faire. Il réussit un départ de premier plan. Après seulement 5 km, Obree possède près de 10" d'avance sur Boardman. Son tableau de marche est audacieux : il veut atteindre les 53 km dans l'heure. Il est dans les temps de son objectif jusqu'au vingtième kilomètre. Chris est maintenant relégué à 17". Par la suite, il « plafonne ». « J'avais 20" sur Boardman, alors j'ai préféré lever un peu le pied plutôt que de risquer d'exploser », expliquera-t-il. Lever le pied, enfin si l'on veut... « J'ai continué à être sous la torture, c'était interminable. » Obree s'accroche, et à sa descente de vélo, toujours complice de l'humour, il lâchera : « J'aurais préféré rendre visite à mon dentiste. » En attendant, il serre les dents, se bat comme un fou sur sa machine et termine en boulet de canon. 52,713 km, c'est 443 m de mieux que Chris Boardman, c'est un nouveau record du monde de l'heure, une explosion de joie dans le vélodrome girondin où ont pris place 2 000 spectateurs.

Le 8 mai, à Rome, soit seulement onze jours après la réussite de l'Écossais, l'Union cycliste internationale modifie la réglementation technique dans le but d'interdire son vélo. « Le problème, ce n'est pas Obree, mais toutes les dérives que son exemple pourrait occasionner, assure Hein Verbruggen, le président de l'UCI. Nous avons vu arriver, ces derniers mois, des projets complètement fous », argumente-t-il. Obree ne veut pas entendre ça. Il préfère se souvenir de la fête qui a suivi son record, arrosée à la bière. La moindre des choses lorsqu'un Écossais enterre le vélo de sa vie...

Le rose va bien à Eddy Seigneur.

Pascal Richard, lauréat du Tour de Romandie, est la fierté de toute une région.

LE DÉRAPAGE CONTRÔLÉ D'INDURAIN

Le 15 mai, à Senlis, Miguel Indurain perturbé par une douleur à un genou pendant le mois d'avril, se rassure sur son degré de condition physique en remportant le contre-la-montre du Tour de l'Oise et le classement final de l'épreuve avec seulement 2 secondes d'avance sur le Beauvaisien Eddy Seigneur, vainqueur aux Quatre Jours de Dunkerque une semaine plus tôt. Avant de procéder aux formalités du contrôle médical, l'Espagnol, qui souffre d'allergie au pollen, signale par écrit qu'il a eu recours du Salbutamol, un produit non dopant lorsqu'il est utilisé en spray, selon le règlement de l'Union cycliste internationale, mais figurant sur la liste des substances interdites en France depuis l'adoption de la « loi Bambuck ». L'histoire sera longtemps gardée secrète. Une indiscrétion la révélera le... 28 août.

« J'ai la conscience tranquille », déclarera Miguel Indurain depuis Bordeaux, où il prépare sa tentative contre le record de l'heure. La fureur s'empare du clan Banesto : « On cherche à salir l'image de Miguel », s'insurge-t-on. Le 6 septembre, l'instance disciplinaire de la Ligue du cyclisme professionnel français réunie à Paris « blanchira » l'Espagnol...

Laurent Roux ne pourra s'opposer au Colombien Rincon dans la classique des Alpes.

MAPEI
CLAS
MAPEI CLAS
adidas
AGUILA
AGUILA
CERVEZA
sportful
sportful
sportful

Rominger, un roi à la Vuelta

Dans un fauteuil, Tony...

La Vuelta qui s'élance de Valladolid, au nord de Madrid, en ce 25 avril, interpelle déjà les plus nostalgiques des « aficionados ». C'est la dernière fois, en effet, que le Tour d'Espagne, créé en 1935, se dispute au printemps, à la sortie des classiques. En 1995, il aura lieu au mois de septembre et fermera ainsi la boucle des grands Tours. La décision a été prise par l'Union cycliste internationale pour enrichir un calendrier automnal pauvre en événements, et elle a été maintenue malgré la forte opposition des organisateurs eux-mêmes !

Miguel Indurain n'est pas au départ de son Tour national. A la Vuelta, le champion espagnol préfère le Giro, depuis 1992, car il estime que ses chances de remporter le Tour d'Italie sont supérieures – il l'a déjà gagné en 1992 et 1993 – et qu'il n'y a pas meilleur programme dans la perspective du Tour de France. Le grand Miguel a toujours échoué pour la victoire finale au Tour d'Espagne. L'une des raisons est qu'il a souvent été handicapé par le froid et la pluie, éléments qu'il déteste profondément et qui sont les ennemis des coureurs à cette époque de l'année, quand la course traverse les Pyrénées. Sa dernière participation remonte à 1991, lorsqu'il avait fini 2e, à près de 3' d'un autre Espagnol, Melchior Mauri.

Le nouveau forfait du leader de l'équipe Banesto est très mal accueilli en Espagne, où l'on ne comprend pas que le meilleur coureur du monde n'honore pas de sa présence cette Vuelta qui le faisait rêver lorsqu'il était cadet. Se décidera-t-il un jour à partir à la conquête de l'« amarillo », le maillot jaune ? Rien n'est moins sûr.

La route est donc libre pour Tony Rominger. Le Suisse est devenu un homme incontournable, comme on dit maintenant. A force de spéculer à sa place sur ses chances de détrôner Indurain dans le prochain Tour de France, on en oublie presque que le leader de l'équipe italo-espagnole Mapei-Clas roule pour un triplé historique. Aucun coureur n'a, en effet, jamais raflé trois fois consécutivement la Vuelta, et Rominger veut s'y employer. « En mars, j'ai remporté Paris-Nice sans en avoir fait un objectif et, en avril, j'ai signé un nou-

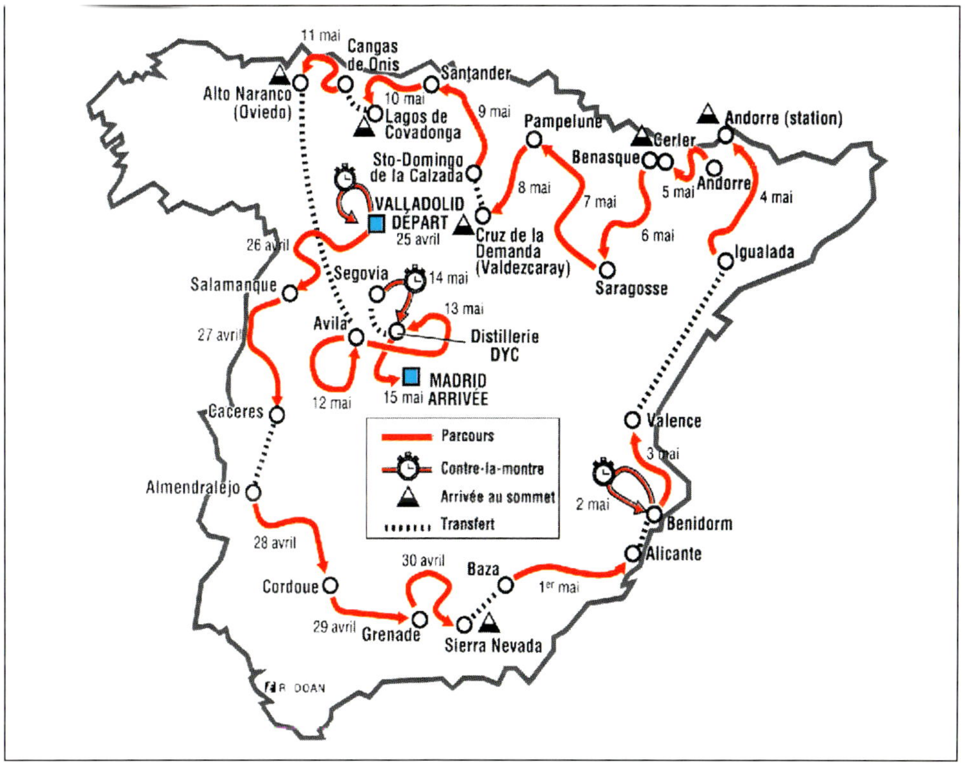

Tony Rominger vêtu du maillot *amarillo*: troisième succès d'affilée pour le Suisse à la Vuelta.

Tony Rominger n'a pas de rival dans l'exercice du contre-la-montre. A Benidorm, il est intouchable.

Mikel Zarrabeitia successeur de Miguel Indurain?

veau succès au Tour du Pays basque, un test important avant le Tour d'Espagne, rappelle-t-il. Je suis entouré d'équipiers espagnols et ça me rassure. Je les préfère aux Italiens, qui courent parfois avec une arrière-pensée. Les Espagnols sont plus travailleurs. Quand on a besoin d'eux, ils font le boulot sans rechigner.» «Même avec une armée, on n'aurait pas pu l'arrêter», dira son jeune compatriote Alex Zülle. Rominger est un solitaire, et solitaire il restera dans la recherche de la victoire, car personne ne pourra jamais s'accrocher à sa roue. A l'arrivée à Madrid, la note est particulièrement salée pour ses adversaires: le jeune Espagnol de l'équipe Banesto Mikel Zarrabeitia termine 2e à 7'28", et son illustre aîné Pedro Delgado achève la dernière Vuelta de sa carrière, sur la troisième marche du podium, à 9'27" du Suisse. Alex Zülle pointe à 10'54". Le meilleur Français – ils ne sont que 8 au départ –, Luc Leblanc, se classe 6e au général, à plus d'un quart d'heure de Rominger.

Le patron frappe d'entrée. A Valladolid, Tony réalise un festival dans le premier contre-la-montre de l'épreuve. En 9 km, Zülle perd 20". Et, bien entendu, ça ne fait que commencer. A la fin du premier tiers de la Vuelta, l'affaire est pliée.

Sixième étape: Rominger s'envole à 3 km de la sierra Nevada, où se situent les premiers reliefs du parcours. Cubino et Zarrabeitia lui concèdent près de 60".

Huitième étape, un contre-la-montre de 39,5 km autour de la station balnéaire de Benidorm: son suivant Mauri rend 53" à l'« extra-terrestre », comme on commence à le surnommer dans la caravane. Zarrabeitia est 2e au classement général et premier « terrien », avec un retard de 4'10". Sur le vélo, Rominger écœure le peloton par sa pédalée insolente; et dehors, ses déclarations blessent ses suivants sans que l'auteur, homme plutôt modeste, en soit pleinement conscient: « Dans la montée de la sierra Nevada, je n'avais pas prévu d'attaquer, car je croyais que d'autres le feraient à ma place. Je voulais bien attendre Zarrabeitia, mais ça ne servait à rien, car il ne pouvait pas prendre un seul relais. » Il ajoute en soupirant: « Aller tous les jours au podium me fait perdre du temps. C'est tuant! »

Enfin, il n'y a personne pour le croire (pas même lui?) lorsqu'il dit: « Il reste encore deux semaines de course, et rien n'est joué. » Non vraiment, Rominger aurait rapidement découragé Hitchcock...

Dès l'instant où le Suisse se retrouve hors concours, Zarrabeitia est trop heureux de garder sa 2e place jusqu'à Madrid, qu'il rejoint au lendemain de son vingt-quatrième anniversaire. On le surnomme « Zarra » ou « la cigogne d'Abadiano », du nom de son village au Pays basque et en raison de ses jambes, interminables, débouchant sur un corps assez mince. Le public espagnol s'accroche autant que lui à cet accessit synonyme, en principe, d'un avenir doré. Car, par ailleurs, il a ressenti une rare frustration durant la Vuelta: non seulement Rominger a « tué » la course dans des

Rominger mène devant Zülle. Les Suisses sont toujours à l'heure.

délais très brefs, mais les Ibériques ont dû se contenter d'une seule victoire d'étape – par Marino Alonso.

Pedro Delgado s'est fait un devoir de guider Mikel Zarrabeitia, son jeune coéquipier chez Banesto, pendant vingt et un jours, avant de quitter une scène sur laquelle il n'a jamais cessé d'être un acteur de premier plan dans le cœur de l'homme de la rue; même lorsque Indurain parvint au sommet de son art. « Je suis un peu triste de savoir que c'est ma dernière Vuelta, reconnaît "Perico". Mais je suis saturé après ces treize années passées sur la route. Je n'ai plus envie de revivre les sorties d'entraînement qui préparent, l'hiver, aux premières compétitions, quand le froid s'emparait de mon corps. »

Pour l'état civil, Rominger a seulement un an de moins que Delgado, mais c'est comme si le Castillan avait transmis pour toujours à

Delgado toujours très populaire.

Laurent Jalabert montre la voie à suivre à Zülle et à la garde jaune de la ONCE.

Tony sa « chispa », ce démarrage qui le rendit imbattable lors du Tour de France en 1988. De son propre aveu, l'Espagnol court désormais « avec une calculette dans la tête », car il craint la défaillance ; et à la souffrance que lui apporterait un ultime Tour de France, il préfère une tournée d'adieu dans son pays.

A la veille de l'arrivée, « Perico » martyrise ses jambes une dernière fois et se classe 6e du contre-la-montre disputé à Ségovie, sa ville qui lui réserve un triomphe à en oublier que Rominger s'est adjugé un sixième succès d'étape. Seul le sprinter français Laurent Jalabert a fait mieux que le Suisse, avec sept victoires. « De toutes les courses par étapes, auxquelles j'ai participé, la Vuelta aura été la plus facile, mais ce n'est pas ma faute si les Espagnols sont moins bons que moi », lance Rominger. Après un rapide crochet en Suisse, il s'envole pour les États-Unis, en compagnie de son épouse Brigitte, de sa fille Rachel et de son garçon Robin, né pendant le Tour d'Espagne.

C'est dans les montagnes du Colorado, pendant un mois passé à 2 700 m d'altitude, qu'il s'en va préparer le grand rendez-vous du mois de juillet et songer très fort à accomplir l'œuvre de sa vie : gagner le Tour de France à l'âge de 33 ans.

JALABERT DÉCHAÎNE LES PYRÉNÉES

« Qu'est-ce qu'il fait papa quand il gagne ? Qu'est-ce qu'il fait ? », reprennent en chœur Sylvie et Laurent Jalabert. Pauline, 2 ans et demi, lève les bras et distribue des « ouais ! ouais ! » en même temps que des sourires. La vie est belle pour le coureur qui rentre d'une campagne fructueuse au Tour d'Espagne, et retrouve sa petite famille éclatante de santé dans la belle maison de Payrin, près de Mazamet. « J'ai sauvé ma saison, quoi qu'il m'arrive dans le Tour, mais je suis convaincu que ça va bien se passer pour moi en juillet, soutient Laurent. Hormis deux ou trois jours pendant lesquels j'étais fiévreux, j'ai roulé sur un nuage pendant trois semaines et, au soir de l'arrivée à Madrid, j'étais loin d'être fané. C'est très encourageant pour le Tour.»

«Le Sept d'Or à Jaja», titre à son retour *La Montagne noire*, le plus petit quotidien de France, qui présente quatre pages d'informations locales à ses lecteurs et salue les sept victoires d'étape remportées par l'enfant du pays sur les routes de la Vuelta, récompensé par une... septième place au classement mondial. Pourtant, l'intéressé estime qu'il n'est «pas populaire» chez lui, même s'il reste malgré tout «quelqu'un d'important», car il a été vice-champion du monde en 1992. Selon lui, le sport cycliste n'a jamais passionné ses voisins, à Mazamet et dans les villages avoisinants du Tarn, dévolus au rugby.

Jacques Esclassan, ex-maillot vert du Tour, qui vend des bicyclettes de la marque Peugeot à Castres, a vécu la même situation il y a vingt ans... «Mes résultats ont peut-être eu un petit effet au sein du club de mes débuts, l'Union Vélocipédique Mazamétaine, admet cependant Laurent. Dix-huit gamins sont inscrits actuellement à l'école de cyclisme. A mon époque, nous étions six.»

En revanche, de l'autre côté des Pyrénées, Jalabert est une vedette. «Una figura», comme il précise en appréciant cet honneur. Depuis deux ans et demi qu'il porte le maillot de l'équipe Once, issue de la puissante organisation – très célèbre en Espagne – qui vient en aide aux aveugles, «Jaja» s'est emparé de trente-quatre victoires; la plupart au sprint dans les courses ibériques. «Sur la Vuelta, j'étais sûr de moi, savoure-t-il. Parfois, je lançais le sprint trop tôt et j'arrivais à gagner. Mais, dans l'ensemble, j'étais très clairvoyant. Parfois je me disais: "Bouge-toi, parce que là, tu n'es pas placé pour gagner." Je prenais des risques inhabituels. Alors qu'auparavant j'avais tendance à subir les événements.»

Sept victoires au total, dont une – inespérée – dans la montagne, près des mythiques Lagos de Covadonga: le score du Tarnais est encore meilleur que celui de Bernard Hinault, auteur de cinq succès d'étapes en 1978, même si la comparaison est un peu osée, car, il y a seize ans, le champion breton avait remporté le Tour d'Espagne. «Au départ; j'espérais enlever une étape, souligne Laurent. Et il était prévu que je quitte la course après quinze jours, pour ne pas perdre trop de fraîcheur physique.»

Le Français est donc allé de surprise en surprise. Une question pourtant l'agaçait. Combien aurait-il accumulé de sprints si Mario Cipollini n'avait pas été éliminé sur chute au terme de la première étape en ligne? A chaque fois, sa réponse fusait: «Je pense que j'ai rarement été aussi fort sur le plan de la condition physique et que j'aurais donc pu le battre une ou deux fois. En 1993, dans la Vuelta, j'étais opposé à Abdoujaparov. Pour mémoire, il avait gagné trois étapes et moi deux.»

De retour chez lui, à Payrin, Laurent remise son vélo pendant une semaine, quand bien même cela lui coûte de ne pas pédaler. Manolo Saiz, son directeur sportif, l'a mis au repos complet avant de l'accompagner à Estes Park, au Colorado, avec Alex Zülle et Erik Breukink. Objectif avoué: préparer le Tour de France dans les meilleures conditions possibles... à 2 550 m d'altitude, encore plus haut que le sommet du col du Tourmalet.

Le docteur Nicolas Terrados, médecin de l'équipe Once, est l'une des pièces maîtresses du voyage américain. «Il a présenté une thèse sur les bienfaits que procure l'entraînement en altitude», se félicite Jalabert, qui qualifie ce stage de «semi-vacances»: 2 100 km parcourus en dix-neuf jours et le plaisir de retrouver sa femme Sylvie et la petite Pauline après

LES VAINQUEURS D'ÉTAPE A LA VUELTA DEPUIS VINGT ANS

13 étapes: Freddy Maertens (belge), en 1977;
7 étapes: Laurent Jalabert (français), en 1994;
6 étapes: Tony Rominger (suisse), en 1994; Mathieu Hermans (néerlandais), en 1988; Marino Basso (italien), en 1975.
5 étapes: Eddy Planckaert (belge), en 1982; Sean Kelly (irlandais), en 1980; Alfons De Wolf (belge), en 1979; Bernard Hinault (français), en 1978; Dietrich Thurau (allemand), en 1976; Augustin Tamanès (espagnol), en 1975.

«Jaja» sprinte et gagne en montagne.

Et de sept ! Laurent Jalabert règle le compte d'Éric Vanderaerden à Madrid.

chaque séance d'entraînement. En famille, l'aventure n'est que plus belle.

LE SEPT D'OR DE «JAJA»

• **26 avril, Salamanque:** Dans la dernière ligne droite, l'Italien Baffi provoque la chute de Cipollini, son compatriote et coéquipier de la Mercatone Uno. Le premier est déclassé, le second blessé. Jalabert, qui les suivait, remporte l'étape… sur tapis vert.

• **27 avril, Caceres:** «Au kilomètre, j'ai vu que Jalabert était esseulé, et j'ai roulé pour lui», explique Zülle. Le travail du Suisse est payant, puisque le Français ajuste Van Poppel et Baffi dans cet ordre. «J'ai voulu répondre aux réflexions désagréables sur la manière dont on m'a déclaré vainqueur la veille», explique le sprinteur de la Once.

• **29 avril, Grenade:** L'Italien Leoni, victime d'une crevaison à 15 km de l'arrivée, chasse durant 10 km pour retrouver la tête du peloton. Jalabert reste calé dans la roue d'Edo. «Je me sentais fort», soutient Laurent, qui déborde l'Espagnol à 300 m de la ligne. Leoni est 2e.

• **6 mai, Saragosse:** La roue tourne pour le Néerlandais Van Poppel. Le maillot vert du Tour de France 88 n'est plus aussi rapide qu'avant. Il termine 2e de l'étape, derrière l'intrépide «Jaja», mais devant trois Italiens: Pelliconi, Di Basco et Pagnin.

• **7 mai, Pampelune:** «Je ne crains personne quand mes "bielles" tournent aussi bien.» On croit sur parole le Tarnais reçu cinq sur cinq à l'examen des grands sprinteurs. Il lance le sprint aux 300 m. Leoni et Edo passent une fois de plus à la trappe.

• **10 mai, Covadonga:** Ce jour-là, Jalabert a prévu de perdre 10'. L'étape qui mène aux lacs de Covadonga est réputée comme la plus difficile de la Vuelta. «Pour un Espagnol, gagner aux "Lagos" vaut une victoire à L'Alpe-d'Huez.» Bénéficiant des largesses de Rominger et consorts, «Jaja» grimpe au courage, et il s'impose à l'Espagnol Torres, gêné par une moto!

• **15 mai, Madrid:** Le Belge Vanderaerden est la dernière victime de Jalabert, lauréat, comme en 1993, de la dernière étape de la Vuelta sur le Paseo de la Castellana, les Champs-Élysées madrilènes. «Quelques jours plus tôt, j'avais 39 de fièvre, mais il n'était pas question d'abandonner, car je voulais gagner à Madrid.» Avec ce septième succès, le Français s'adjuge le classement par points devant Rominger.

Luc Leblanc dans le blanc du maillot de meilleur grimpeur. « Lucho » revit.

LEBLANC CHASSE SES IDÉES NOIRES

Luc Leblanc participe à la Vuelta dans un unique but : arriver à Madrid. Le minimum vital pour relancer sa carrière, qui connaît des bas depuis 1992, période pendant laquelle il n'a pas réussi à aller au terme d'un seul grand Tour. Le Limousin a été opéré du genou – une calcification douloureuse – au mois de novembre 1993 et, contraint d'observer une convalescence de près de deux mois, il n'a quasiment pas donné un coup de pédale de tout l'hiver. Dans ces conditions, sa sixième place au classement final du Tour d'Espagne (à 15'27" de Rominger) est un vrai motif de satisfaction. Il y a même une cerise sur le gâteau : le maillot de meilleur grimpeur, qu'il rapporte dans la capitale espagnole dont est originaire son épouse Marisa. « Lucho » revit...

Au départ de la Vuelta, Tony Rominger, en connaisseur, lui a dit : « Si tu veux terminer dans les dix premiers, tu vas devoir te cracher dans les mains et ne jamais te relever. » Luc suit les conseils du Suisse et y applique une bonne dose de courage. Il n'écoute pas une douleur au genou qu'a réveillée le froid pendant l'étape pyrénéenne menant à Cerler. « Il faut que ça tienne jusqu'au bout, et je vais me battre pour y parvenir. »

Son discours a changé. Déterminé, il exclut les doutes qui s'emparaient si souvent de lui ces dernières années. Il faut croire qu'un radical changement d'environnement est à l'origine de ce nouvel état d'esprit. Luc Leblanc a quitté son Limousin, pourtant si cher à son cœur, et il s'est installé en Provence, afin de se rapprocher de Jean-Claude Bagot, son ami, son équipier, son confident.

Sa nouvelle équipe, Festina, bat pavillon andorran. Dirigée par Bruno Roussel, elle est composée pour les deux tiers de Français. A 27 ans, Leblanc espère ainsi relancer sa carrière.

A la fin de la saison 1993, Cyrille Guimard s'est séparé du coureur qu'il avait lui-même promu, trois ans plus tôt, leader de l'équipe Castorama à la place de Laurent Fignon – excusez du peu. En 1991, Leblanc remplit très bien son rôle, puisqu'il termine 5e du Tour de France et porte le maillot jaune l'espace d'une journée, dans les Pyrénées, vengeant ainsi son célèbre voisin limousin Raymond Poulidor.

L'année suivante, il est successivement 2e du critérium du *Dauphiné libéré*, gagne le Grand Prix du *Midi libre* et devient champion de France. Mais ses performances entament sa condition physique. Dans le Tour, il s'écroule littéralement et se hisse si péniblement au sommet de L'Alpe-d'Huez qu'il est éliminé. A la fin du Giro 93, la séparation est consommée. Guimard reproche à Leblanc de ne pas assumer ses responsabilités de leader. « Il est trop fragile dans sa tête », regrette amèrement le directeur sportif. A l'inverse, Luc Leblanc sait se faire très mal sur un vélo, parfois jusqu'à la limite de l'évanouissement. Cette capacité à se dépasser, alliée au nouvel équilibre mental qu'il semble avoir acquis, peut rendre le cocktail détonant, un jour ou l'autre.

LE CAUCHEMAR DE CIPOLLINI

Sprinter est un acte de foi. De violence aussi. Les maîtres de la spécialité ne sont pas à l'abri des conséquences du mélange de fureur et de froideur qui s'empare de leur être dans la dernière ligne droite. Le 26 avril, à Salamanque, Mario Cipollini connaît la journée la plus noire de sa carrière. « Cipo » et son coéquipier Adriano Baffi, de la Mercatone Uno, sont au coude à coude pour la victoire quand le gauche de Baffi provoque la chute du sculptural Toscan. Ce dernier heurte les balustrades et tombe lourdement. Mario gît sur la chaussée, le visage ensanglanté. Il souffre d'un traumatisme crânien. La première Vuelta de sa carrière s'achève à l'hôpital Virgen de la Vega, à Salamanque. Baffi est déclassé à la dernière place « pour avoir quitté sa ligne dans les 200 derniers mètres », par le jury des commissaires. Jalabert s'adjuge l'étape sur le tapis vert.

De retour en Italie, Cipollini prévient ses employeurs : « Je ne veux plus jamais courir aux côtés de Baffi. » Il est entendu. Mais l'Italien, très affecté par sa chute, tarde à retrouver toutes ses facultés physiques. Il déclarera forfait pour le Tour de France...

C'était sa première Vuelta.

Drame à Salamanque. Derrière Jalabert, Cipollini ne se relèvera pas.

Ocaña et De Bruyne : échappés pour l'éternité

Tour de France 1973,
Luis Ocaña se taille la part du lion.

Fred De Bruyne était belge et Luis Ocaña espagnol. Dans leur grand cœur, ils avaient laissé une belle place à la France, Luis surtout, qui avait quitté son pays natal à l'âge de 11 ans. Fred habitait à Seillans, dans le Var. « Dans un Paris-Nice, nous avait il raconté un jour, le peloton traversait cette région. J'ai aussitôt pensé : "C'est là que tu vivras." » C'est ici que ce bon Fred a fini ses jours, vaincu par le cancer, le 5 février 1994, à 63 ans. Il était fier de rappeler son adolescence ouvrière et sa soif de vivre l'incitant à persévérer dans le cyclisme. Homme du bâtiment dès qu'il s'agissait de briller dans les classiques, Fred De Bruyne s'était construit un palmarès en béton à la fin des années 50, malgré la suprématie des deux grands Rik, Van Steenbergen et Van Looy : trois Liège-Bastogne-Liège, un Milan-San Remo, un Tour des Flandres, un Paris-Roubaix, un Paris-Tours, deux Paris-Nice, six étapes du Tour.

Est-ce un signe du destin ? La maladie a emporté Fred à l'aube de la saison des classiques, et Luis a choisi de s'échapper entre le Tour d'Espagne et le Tour de France, les deux grandes courses de sa carrière.

Luis Ocaña souffrait physiquement et mentalement. D'une hépatite C qui lui imposait un traitement de longue haleine, douloureux et épuisant. De problèmes financiers nés de trois sinistres par le gel de sa récolte de raisins à son exploitation de Caupenne-d'Armagnac, dans le Gers, et de la chute des cours des alcools qu'il produisait. Jusqu'à son dernier souffle, il avait voulu rester le maître de sa destinée, puisqu'il était indomptable, comme l'a souligné maintes fois son ancien directeur sportif Maurice De Muer. Le 19 mai, il s'empare d'une arme à feu, s'isole dans le bureau de sa propriété, et se loge une balle dans la tempe gauche. Sa vie avait été une succession d'échappées fougueuses, celle-ci en était la dernière.

Luis Ocaña, c'était le courage, l'orgueil et l'audace réunis sous une forme humaine et personnifiés par son visage de fier hidalgo. Il avait vu le jour dans le village de Priego, en Castille, le 9 juin 1945, au sein d'une famille démunie de six enfants, dont il était l'aîné. En 1952, sa famille s'était installée dans le Val d'Aran, où son père avait obtenu un emploi de mineur, puis dans le Gers, qu'il ne quittera jamais. On le surnommait « L'Espagnol de Mont-de-Marsan », la ville où Luis Ocaña avait reçu l'enseignement du métier de la menuiserie avant de devenir coureur cycliste professionnel, en 1968. Son titre de champion d'Espagne conquis la même année le révèle à ses compatriotes.

Deux ans plus tard, l'enfant pauvre de Priego devient un héros national en gagnant la Vuelta. Luis Ocaña roule et grimpe. C'est un fonceur adepte du « ça passe ou ça casse » qui, par fidélité à ses principes, prend parfois des risques insensés le conduisant à la chute. La plus cruelle ainsi que la plus célèbre demeure celle qui le jeta dans un fossé au bord de la descente du col de Mente et le priva d'un

« Personne ne m'a jamais fait aussi mal », dira Eddy Merckx de son grand rival, suivi de Bernard Thévenet.

probable succès dans le Tour 71. Quatre jours plus tôt, Luis Ocaña réalisait un authentique exploit lors de l'étape Grenoble-Orcières-Merlette, où ses jambes tournent à la gloire du champion. Lucien Van Impe termine à plus de 5' du chef de file de l'équipe Bic, et le grand Merckx, qui reste sur deux victoires consécutives dans le Tour, lui concède près de 9' ! Ce fut sûrement la plus lourde défaite de la carrière du « cannibale ».

Ocaña entame la descente du col de Mente sous un ciel d'apocalypse. L'orage est violent. Des trombes d'eau s'ajoutent aux gravillons. Merckx et Ocaña tombent. Luis est heurté par Zoetemelk. Il ne se relèvera pas. Au lendemain du drame, Eddy Merckx refuse de porter le Maillot jaune. La légende de Luis Ocaña est en marche. En 1973, le coureur la rattrape définitivement. Son grand rival belge n'est pas au départ du Tour. Ocaña le regrette, car c'est un seigneur : il ne veut pas d'un succès diminué. Alors, il éblouit par son panache et transforme sa victoire en triomphe : le gain de six étapes et plus d'un quart d'heure d'avance, à Paris, sur le 2e, Bernard Thévenet.

Luis Ocaña est mort peu avant son 39e anniversaire, à l'âge où son père, qu'il admirait par-dessus tout, avait été emporté par un cancer. Ce père qui, disait-il, s'était usé au travail et l'avait quitté dans la pleine force de l'âge...

Berzin détrône Indurain

Une question se pose au départ du Tour d'Italie : Miguel Indurain va-t-il réaliser un exploit similaire à celui de Tony Rominger dans la Vuelta en réussissant la passe de trois au Giro ? Puisque le sport cycliste a ceci de particulier qu'il se nourrit en permanence de son histoire, il y a toujours un journaliste spécialisé ou un supporter acharné pour rappeler que seuls Alfredo Binda (1927, 1928, 1929) et Eddy Merckx (1972, 1973, 1974) ont obtenu trois consécrations consécutives dans la course à la « maglia rosa », le maillot rose.

Mais Indurain n'est pas tout à fait le même qu'en 1993. Le champion espagnol accuse un retard sensible dans sa préparation. Son début de saison a été perturbé par une forte allergie au pollen et, surtout, il a ressenti une vive douleur lors du Tour du Pays basque. Une tendinite derrière le genou gauche. Rien de grave, certes, mais « Miguelon » observe quelques jours de repos et renonce à Liège-Bastogne-Liège, la seule classique qu'il affectionne vraiment. Le leader des Banesto effectue son retour, début mai, au Tour de Romandie, et enchaîne avec le Tour de l'Oise, qu'il remporte avec deux petites secondes d'avance sur le jeune Picard Eddy Seigneur. Indurain n'est qu'à demi rassuré. Il sent que la forme revient, mais lui mieux que quiconque sait qu'il n'y a pas de miracle dans le vélo. « Je ne serai pas à mon "top" au départ du Giro, c'est évident. La compétition me fait défaut, et je traîne encore quelques kilos de trop. Dans ces conditions, autant ne pas me focaliser sur le maillot rose. J'espère m'améliorer au fil des jours et retrouver un très bon niveau lors de la troisième semaine. »

Rebaptisé Eugenio.

Indurain ajoute que son objectif de l'année ne diffère pas de celui des saisons précédentes : gagner le Tour de France.

Trois jours plus tôt, Luis Ocaña s'est échappé pour l'éternité. Une minute de silence est observée en sa mémoire, au petit matin du dimanche 22 mai, sur la Piazza Maggiore de Bologne, avant le départ de la première étape du Giro. Cent cinquante-trois coureurs sont engagés, parmi lesquels douze

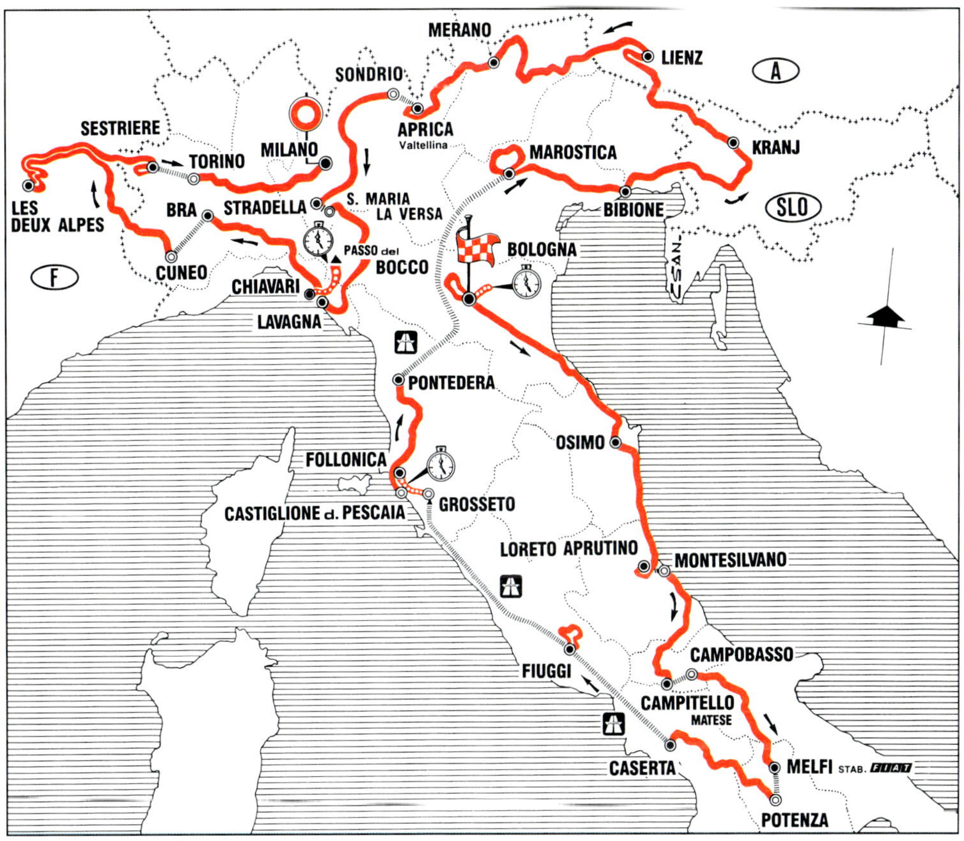

Victoire dans le prologue de Bologne et premier maillot rose pour De Las Cuevas.

La force de Bugno.

Le coup d'éclat d'Argentin.

Français: Armand de Las Cuevas, Thierry Bourguignon, Laurent Brochard, Thomas Davy, Laurent Madouas, Thierry Marie, Jean-Cyril Robin (Castorama), Laurent Pillon, René Foucachon, Dante Rezze (Jolly), Gérard Rué, Stéphane Heulot (Banesto). Tous ou presque se savent réduits, pendant trois semaines, à un rôle d'équipier, excepté de Las Cuevas. « Pour la première fois, je serai leader d'une équipe au départ d'un grand tour, dit ce dernier avec un brin d'excitation dans la voix. J'aborde ce Giro dans de très bonnes conditions. Je connais ma valeur dans les contre-la-montre.

Avant, je montais les cols à bloc pour favoriser Indurain et j'explosais à 3 km du dernier sommet, après avoir effectué le travail. Désormais, dans la montagne, il faudra que je sois avec lui jusqu'au bout», souligne-t-il.

La première demi-étape est une affaire entre sprinters. Le plus rapide est l'Italien Endrio Leoni. L'après-midi les choses (très) sérieuses commencent sous la forme d'un contre-la-montre d'une distance de 7 km au circuit tracé dans les rues de Bologne. De Las Cuevas se montre exact au rendez-vous qu'il s'est fixé. A 53,390 km/h, il réalise la moyenne la plus élevée des «chronos» du Giro! «Je savais que Berzin avait réussi un temps canon, commente Armand. J'ai été renseigné en permanence sur les positions, et cela m'a permis de me faire encore plus mal.» Evgueni Berzin, le jeune Russe, révélation de la saison, lui concède 2" seulement. Mais c'est la comparaison entre le Français et Indurain qui prédomine à l'arrivée: l'Espagnol est 3ᵉ, à 5". «C'est mon premier maillot de leader dans un grand Tour», s'exclame le Bordelais, déshabillé dès le lendemain par Moreno Argentin, l'insatiable Vénitien qui réalise dans l'étape d'Osimo l'un des tout derniers coups d'éclat de sa carrière. Émotions encore, le jour suivant, lorsque Gianni Bugno résiste au retour du peloton à Loreto Aprunto, ville proche de la côte adriatique. Le Giro ne peut pas mieux débuter…

La course passe aussitôt à la vitesse supérieure par la volonté d'un jeune homme à la petite carrosserie (1,70 m), mais doté d'un moteur exceptionnel. Les caractéristiques de Berzin: 42 pulsations cardiaques par minute, 178 battements au seuil anaérobie pour une vitesse de 49 km/h, 5,5 l de capacité pulmonaire, 510 W de puissance développées! En un mot, un grand champion sommeille. Pas pour longtemps, on le sait. Le 17 avril, Berzin a donné un premier aperçu de son immense talent en s'adjugeant Liège-Bastogne-Liège. Le 26 mai, à Campitello Matese, le Russe fait coup double: victoire d'étape et maillot rose. Le profil du parcours est très tourmenté. Au pied de la côte menant à l'arrivée qui s'élève sur une quinzaine de kilomètres, Argentin porte une attaque dans le but de tester Indurain. Il se relève pour seulement laisser passer Berzin, qui s'en va cueillir un très beau succès aux dépens de l'Italien Pellicioli. Belli passe la ligne 17" plus tard. Trente de plus et apparaît enfin un groupe de 9 coureurs, parmi lesquels Indurain, Bugno, De Las Cuevas. Chiappucci a essuyé une grosse défaillance et concède près de 5' à Berzin.

«Maintenant, je suis le nouveau leader de l'équipe Gewiss», annonce ce dernier. «Berzin est plus fort que je ne le pensais», reconnaît Indurain. «Le ménage est fait. On sait maintenant qui va jouer le classement final», renchérit De Las Cuevas, désormais 4e au général, à 1' de Berzin.

L'homme de Vyborg, près de la frontière finlandaise, a-t-il l'étoffe d'un vainqueur du Giro? La réponse, l'intéressé ne va pas tarder à la fournir. A la veille du contre-la-montre, long de 44 km, entre Grosseto et Follonica, qui ne présente qu'une seule côte digne de ce nom dans la partie finale, Berzin annonce la couleur: «Je battrai Indurain.» Jamais, avant lui, un coureur n'avait parlé de la sorte. Il faut croire que Berzin s'est exprimé «à l'italienne»... déjà.

Plus tard, il avoue en effet: «Une question m'a traversé l'esprit: "Combien vais-je perdre sur Indurain?" Mais je l'ai vite chassée, car je suis un éternel optimiste», précise-t-il. Battre Indurain dans son exercice favori? En trois ans, seul Rominger a réussi cette performance, l'été 1993, lors du «chrono» du Tour qui

A Follonica, Berzin inflige à Indurain son premier grand revers dans un chrono.

Miguel Indurain, Armand De Las Cuevas, Gianni Bugno : tous subiront la loi d'Evgueni Berzin, victorieux des deux contre-la-montre du Giro.

Evgueni Berzin. A 24 ans, le jeune Russe connaît une ascension fulgurante. C'est la révélation n° 1 de l'année.

s'achevait dans l'Essonne, à la veille de l'arrivée à Paris. Ce qui passe pour de l'impertinence devient une évidence. Berzin réalise un numéro époustouflant. Il repousse De Las Cuevas à 1' 16", Bugno à 1' 41", et enfonce Indurain qui lui débourse 2' 34" ! « La défaite, c'est quelque chose de nouveau pour moi, déclare Indurain avec dignité. J'étais dans un si mauvais jour que je ne suis pas étonné d'avoir perdu tout ce temps. » « Indurain es humano ! » titre sur cinq colonnes le quotidien sportif espagnol *Marca.* Oui, Indurain est humain. La démonstration de Berzin en apporte la preuve vivante, et le classement livre une hiérarchie renouvelée. Berzin, plus rose que jamais, devance De Las Cuevas de 1' 16", Bugno de 1' 41" et Indurain de 2' 34"...

Dès lors, Evgueni devient « Eugenio ». L'Italie adopte rapidement le petit blondinet qui s'apprête à fêter son vingt-quatrième anniversaire en grande pompe. L'incursion en Slovénie et en Autriche se déroule sans soucis particuliers pour lui. Le peloton reprend son souffle avant de se lancer à l'assaut des Dolomites. A Merano, un jeune Italien du nom de Marco Pantani remporte son premier succès d'envergure. Le meilleur est à venir et ce, dès le lendemain. L'étape promet d'être grandiose : le col du Stelvio dans sa partie initiale : le col du Mortirolo, un premier passage au sommet d'Aprica et l'arrivée dans cette station, par le Valico di Santa Cristina.

La chaussée est mouillée et rongée par le gel. Le vent balaie la route et fait virevolter les flocons de neige. Le Passo Dello Stelvio, altitude 2 758 m, a été magnifié par les exploits conjugués d'un Bernard Hinault en révolte et du jeune coureur qu'était en 1980 Jean-René Bernaudeau.

Quatorze ans plus tard, l'audace est mise en veilleuse. Personne n'ose se risquer dans le sillon magique qu'ont laissé le Blaireau et son compagnon de fortune. Les vrais tifosi ont gravé les encouragements les plus beaux dans un mur de neige. Mais un sadique a aussi écrit : « Vous avez voulu un vélo, eh bien, pédalez ! » Pédaler ? Quand la grande bataille s'annonce enfin dans le deuxième col de la journée, le

Marco Pantani, fils spirituel de Claudio Chiappucci.

redoutable Mortirolo (1 852 m), 12 km d'une ascension sévère, les coureurs offrent l'une des plus belles parties de manivelles des années 90. Un grand spectacle dans le décor somptueux des Alpes, où Armand De Las Cuevas ne joue qu'un rôle mineur. Dans la montée, le Français veut s'accrocher aux mailles de l'étoffe rose d'Evgueni Berzin. « Une erreur qu'il a payée en prenant une grosse claque », résume Cyrille Guimard, son directeur sportif. Arrivé à plus de 7' du vainqueur Marco Pantani, et rejeté à la sixième place du classement général, le Bordelais s'écroule plus tard sur le lit de sa chambre d'hôtel. Il est épuisé, ne parle pas, et demande à rester seul avec ses souffrances physiques et morales.

Sur la ligne d'arrivée, c'est du délire à Aprica, là-haut dans la montagne, où on ne compte plus les morceaux de bravoure. Parmi eux, l'attaque de Miguel Indurain, plantant Berzin dans le Mortirolo, à 53 km du but, puis explosant son puissant moteur dans le Valico di Santa Cristina. « J'ai d'abord mis un pied sur la première marche du podium, mais je l'ai enlevé dans le dernier col, déplore l'Espagnol. J'ai subi une fringale et une défaillance terribles. » Indurain a compté jusqu'à 2' 15" sur Berzin. A l'arrivée, il ne garde que 36". Le Maillot rose a réussi à limiter les dégâts, mais à quel prix ! « J'ai été en crise pendant 40 km, raconte le Russe. A la fin, je ne sentais plus mes jambes, j'étais complètement détruit. »

On savait que Berzin possédait un don de Dieu : le talent. Un talent extraordinaire. Mais à quoi cela sert-il de posséder la grande classe si l'homme n'est pas capable de repousser les limites de la souffrance quand il est mis en difficulté par ses adversaires ? La question restait posée. La réponse apportée par le Russe a été claire : un champion venait de naître. Au terme de ce dimanche de folie, L'Italie s'était aussi découvert une nouvelle vedette. Marco Pantani, un jeune homme presque chauve de 24 ans et de 56 kg tout mouillé, venait de gagner sa deuxième étape en deux jours ! Présenté comme « il pupillo » (le pupille) de Claudio Chiappucci, le petit grimpeur de la Carrera accomplissait son rêve. Il volait sur la

Dans les Alpes françaises, Berzin joue au chat et à la souris avec Indurain.

Le monde à l'envers, à quelques jours de l'arrivée du 77e Giro d'Italie.

Généreux dans l'effort, Marco Pantani tente le tout pour le tout dans l'étape des Deux-Alpes.

pente, devant un Chiappucci retrouvé qui laissait Indurain sans réaction. Une première dans la carrière de Claudio ! Après le doublé des Carrera, Pantani occupe la deuxième place du Giro, à 1' 18" de Berzin. Indurain est à 3' 03", tandis que se profile déjà le contre-la-montre du Passo del Bocco et ses 13 km en côte sur un total de 35. Cette fois, Indurain résiste à la fougue de Berzin, mais il est encore battu. De 20". Pantani s'accroche et perd 1' 37" sur le leader. De Las Cuevas est malchanceux : il chute à moins de 1 km de la ligne, dans une descente, et sa blessure au poignet lui gâche la fin de son Giro, qu'il achèvera à la neuvième place. Indurain a compris qu'il ne gagnera pas un troisième Tour d'Italie consécutif. Beau joueur, il loue en public les mérites de son jeune rival. C'est en pensant déjà au Tour de France qu'il dispute les deux étapes franco-italiennes. La première aboutit aux Deux-Alpes. Pantani démarre dans le col d'Agnello, long de 21 km. Il tente un coup complètement fou, à la mesure de sa générosité, puis il s'éteint progressivement dans l'Izoard et le Lautaret. « Je n'ai pas eu de chance de tomber sur un super-Argentin. J'ai préféré attendre le groupe de Berzin pour défendre ma deuxième place plutôt que de me pendre *(sic)* », souligne-t-il plus tard. Argentin a décidé que la fin du Giro coïnciderait avec celle de sa carrière. Il a voulu quitter le métier par un geste seigneurial. En abattant un travail considérable pour Berzin, intouchable. Et puisqu'il en sort de partout, c'est encore un Russe, Vladimir Poulnikov, qui gagne aux Deux-Alpes, devant le Colombien Nelson Rodriguez, où le public français boude la halte du Giro.

Le lendemain, à Sestrières, la victoire revient au Suisse Pascal Richard, dans des conditions atmosphériques épouvantables. Le froid, la neige et le brouillard surprennent les coureurs dans l'escalade qui mène à la station historique de la Fiat. Deux Français, deux Bretons, deux copains dans la vie, « passent » malgré tout. Gérard Rué est 2e et Laurent Madouas 4e. Rien n'a été épargné aux 99 rescapés, auxquels des milliers de spectateurs enthousiastes font un triomphe vingt-quatre heures plus tard, autour du parc Sempione, le poumon vert de Milan. Le public scande le nom de Pantani. Indurain est définitivement rassuré sur sa forme : il abordera le Tour dans d'excellentes conditions. Berzin brandit un trophée qui semble trop grand pour lui. Il est pourtant devenu un géant, la star de toutes les Russies du vélo…

Argentin quitte la scène en beauté. Il accomplit un travail époustouflant en faveur de Berzin et aux dépens d'Indurain, qu'accompagne le Colombien Rodriguez.

Miguel avant la neige.

Le podium à Milan: Pantani (2e) et Indurain (3e) entourent Berzin.

DE LAS CUEVAS : LES AILES COUPÉES

«Je remercie la lumière.» Armand de Las Cuevas entame le Giro par l'un de ses contre-pieds verbaux dont il est coutumier. Le Bordelais remporte le contre-la-montre de Bologne, endosse son premier maillot de leader dans un grand Tour et fait cette étrange déclaration qui laisse les journalistes italiens sans voix, c'est dire ! Bien plus tard, Armand explique : «La lumière, c'est Dieu. Je remerciais Dieu.» Le vieux Bartali, plus que jamais Gino-le-Pieu à l'approche de son quatre-vingtième anniversaire, a vite compris le sens de la phrase d'Armand. Le jeune homme porte un grand crucifix autour du cou, mais il se défend d'aller à la messe, même l'hiver, lorsque son vélo est accroché au clou. Il rappelle seulement : «On oublie que Stephen Roche dédiait ses victoires à Dieu.»

Qui est Armand de Las Cuevas ? «Pas un marginal, comme on a pu le dire ici et là, rectifie-t-il. Je me mets toutefois plus de barrières que les autres coureurs.» Car ce garçon sensible et attachant est très jaloux de sa vie privée et de sa solitude dans l'effort. L'entraînement, il ne le conçoit que dans l'intimité, mais proche de la nature. Après le Tour de Romandie, l'Aquitain prépare le Giro dans les Pyrénées, ou bien dans les Alpes. Personne ne le sait vraiment. Armand est une anguille. On le croit à Bordeaux, il est à Andorre. Il est signalé à Font-Romeu, on apprend qu'il gravit un grand col alpin...

Pour le moment, Cyrille Guimard l'accepte tel qu'il est. «Il a ses habitudes, il sait se programmer», souligne ce dernier, qui n'est pourtant pas homme à faire des concessions. Mais a-t-il vraiment le choix, quand bien même leurs rapports sont parfois houleux ? DLC représente son meilleur argument pour conserver le soutien du partenaire financier de l'équipe – Castorama – en 1995. Guimard attribue ainsi au coureur formé par José-Miguel Echavarri – le professeur de Miguel Indurain – un statut de leader. En échange, il lui demande d'assumer, sans faillir, ses nouvelles responsabilités. C'est-à-dire commencer par briller au Tour d'Italie... Jusqu'aux Dolomites, de Las Cuevas ne déçoit pas son directeur sportif. Il s'impose sur Berzin et sur Indurain dans le premier contre-la-montre de 7 km disputé à Bologne. Le vrai test est constitué par le «chrono» vers Follonica, long de 44 km, au huitième jour de la course. Son résultat est satisfaisant, puisqu'il s'empare de la deuxième place, à 1' 16" de l'intouchable Berzin. Le voici désormais 2e du classement général, à 2' 16" du Russe. «De Las Cuevas n'est pas à négliger», estime Berzin. «Au début du Giro, j'ai dit que je visais une place parmi les cinq premières à l'arrivée à Milan. Aujourd'hui, je pense de plus en plus au podium», avoue le Français. Malheureusement, il en descend brutalement dans la terrible étape de Merano à Aprica. La montée du col du Mortirolo lui est fatale. «J'ai commis une grossière erreur en voulant suivre Berzin lorsque celui-ci a attaqué. Mon cœur s'est emballé. Il aurait fallu que je m'arrête pendant cinq minutes pour qu'il retrouve son rythme normal», confesse-t-il. Ce jour-là, il rend 3' à Berzin et recule à la cinquième place. «La déception est oubliée. Tout pour le contre-la-montre en côte du Passo del Bocco !», annonce-t-il.

Pas de chance, Armand.

De Las Cuevas grimpe dans les temps des meilleurs, mais, lors du dernier kilomètre du parcours, une chute à très vive allure dans la descente sinueuse qui relie le Passo di Monte Ghiffi au Passo del Bocco ruine ses ultimes espoirs. Sa main et son genou gauches sont blessés. Heureusement, les radiographies ne décèlent aucun trait de fracture. «Je suis soulagé, car, dans le cas contraire, je pouvais déjà dire adieu au Tour de France», se console-t-il. Mais la douleur au niveau de la main reste vive. «J'ai du souci à me faire dans les côtes, car je ne peux pas tirer sur le guidon.» Le lendemain, Thierry Marie le pousse dans les montées. «J'ai sûrement été aussi touché aux côtes, car j'ai l'impression d'étouffer», confie Armand.

Dans les Alpes, il poursuit sa dégringolade au classement général et se fixe définitivement au neuvième rang, à 15' 35" de Berzin. Son orgueil lui commande d'aller jusqu'à Milan, qu'il atteint en versant des litres de sueur sur la route, avec une sacrée dose de courage. De Las Cuevas n'a pas gagné son pari, mais il a grandi... dans l'obscurité.

PANTANI, FILS DE CHIAPPUCCI

Un journaliste du quotidien bolonais *Il Resto del Carlino* raconte cette histoire : «Quand vous prenez la via Emilia (l'équivalent de la chaussée Jules-César) en partant de Bologne, vous traversez l'Émilie-Romagne jusqu'à la mer Adriatique. Cette province regroupe deux régions, et le premier homme à vous offrir du vin est "romagnolo". Ce dernier est sanguin, généreux et il a la tête dure.»

Cet homme-là pourrait s'appeler Marco Pantani. Le grimpeur de la province de l'Émilie-Romagne, 2e du Giro et lauréat de deux étapes de montagne à l'âge de 24 ans, est la dernière folie que vient de s'offrir le cyclisme italien.

Pantani est originaire de Cesenatico, une station balnéaire située en bordure de l'Adriatique, où son père vend des pizzas dans une cabane près de la plage. Après avoir joué au football, il découvre le cyclisme, à 14 ans. «J'ai toujours été assez orgueilleux, reconnaît-il. Chez les juniors, cet orgueil m'incitait à faire de gros efforts pour ne pas être lâché. C'est en arrivant dans la catégorie des seniors que j'ai acquis de la puissance et appris à me connaître sur un vélo.»

En ce temps-là, l'esprit offensif de Claudio Chiappucci répandait dans la roue de Pantani un réel bonheur. «J'ai toujours eu une passion pour Chiappucci, savoure-t-il. Il me plaisait, ce "diavoletto" (petit diable). C'était l'époque où il n'était pas encore "il diablo". Pour tous les adolescents qui couraient, Chiappucci était l'exemple, le modèle, celui qu'on admirait. Je voulais passer professionnel chez Carrera parce que Claudio en était le leader. J'étais très fier d'avoir été retenu par Davide Boifava, le directeur sportif. Pourtant, le jour de la signature du contrat, je lui ai dit en rigolant: "L'affaire, c'est vous qui l'avez faite."»

Marco Pantini se définit jovial, allègre, volubile, de caractère impulsif et aimant donc le risque. «J'ai bon cœur», ajoute le petit grimpeur (1,64 m, 56 kg), copie conforme de Claudio Chiappucci, son aîné de sept ans. «A ceci près que je suis encore moins calculateur que lui», prétend Marco.

Un nouveau diable.

C'est dans l'étape alpestre Merano-Aprica, à la sortie des Dolomites, que le jeune Italien frappe les imaginations. Ce jour-là, Pantani est survolté. Vision surréaliste que celle de cet apprenti grimpeur laissant sur place Miguel Indurain dans la montée finale du parcours. A Aprica, il est comblé, car le 2e de l'étape s'appelle Chiappucci.

«Je garde de cette victoire un souvenir "bellissimo", dit-il. Pas seulement pour moi, mais pour le public. Car, ces dernières années, en dehors des exploits de Claudio, une course avait rarement été aussi spectaculaire que celle-ci.» Presque chauve, «comme mon père et mon grand-père», Pantani offre une source inépuisable de sujets à la presse italienne, qui a fait de lui «un mélange de Charly Gaul et Jose-Manuel Fuente», rien que ça! Elle l'affuble également d'un sobriquet: «Il elefantino volante», l'éléphant volant, en raison de ses grandes oreilles qu'il a fort pointues et de son aptitude à survoler ses adversaires dans l'ascension des cols. Mais Pantani n'aspire qu'à une chose: être «l'autre» diable...

QUAND LE MAILLOT ROSE SE GRISE

«Magique Berzin...» «Berzin, tu es notre orgueil...» «Broni te remercie...» «Eugenio, tu es grand.» Les banderoles à la gloire d'Evgueni Berzin son accrochées aux balcons des maisons de Broni, dans la région de l'oltrepo (ce qui signifie «de l'autre côté du Pô), que le Giro traverse à quelques jours de l'arrivée à Milan. Stella et Evgueni vivent ici depuis l'automne 1992, à quelques kilomètres seulement du domicile d'Emanuele Bombini, le directeur sportif de la Gewiss-Ballan, l'homme qui est à l'origine de la venue du coureur russe en Italie.

Au soir de sa victoire, le jeune vainqueur du Giro retrouve Stella à l'hôtel *Liros*, à Broni. Ils aimeraient rester seuls pour écrire une page plus intime du roman à l'eau de rose qu'Evgueni a vécu pendant trois semaines, mais déjà les invités se pressent dans la grande salle de restaurant.

Parmi les convives, il est des hommes préoccupés. Emanuele Bombini et Moreno Argentin, notamment, ne savourent pas comme ils l'auraient souhaité la victoire du petit Mozart du vélo, qui sort, selon eux, sur une fausse note. Son triomphe l'a grisé. Il a déclaré maladroitement qu'il n'avait pas besoin de ses équipiers pour gagner le Giro. «Berzin se conduit comme un dictateur», affirme Piotr Ugrumov, 2e en 1993. Notre ami Christophe Wyrzykowski, l'envoyé spécial de *L'Équipe*, se trouve parmi les invités. «Certes, il y eut des photos et des sourires, des discours et des clins d'œil, mais également des visages graves. On se racontait des histoires à voix basse. Seul Berzin restait imperturbable», écrit-il.

Ugrumov très sévère avec Berzin.

L'ingratitude de Berzin a vexé, sa prétendue signature en faveur d'une autre équipe a troublé. «Le 11 avril, nous avons déposé auprès de la Ligue italienne le nouveau contrat de Berzin, signé pour deux ans, assure Bombini à Christophe Wyrzykowski. Pour moi, il n'y aura pas d'affaire Berzin : il court pour nous en 1995, sinon il sera suspendu pendant un an. Depuis avril, et encore à l'issue de ce Giro, je lui ai proposé trois fois plus – on parle de 2 millions de francs pour l'année –, mais si je peux négocier encore, il n'est pas possible d'aller jusqu'aux sommes qu'on lui aurait proposées, 1,3 milliard de lire (environ 5 millions de francs), paraît-il, car tout cela est très flou.»

Moreno Argentin tente de détendre l'atmosphère. «Il ne faut pas retenir un coureur qui n'a pas envie de rester dans une équipe. Actuellement, la nôtre est la meilleure du monde. Or, Berzin, comme tous les champions, aura besoin d'une grande équipe autour de lui.»

Chris Boardman, roi du contre-la-montre.

Pascal Hervé, un coureur atypique.

Chris Boardman, un routier est né.

Emmanuel Magnien domine Sean Kelly à Échirolles. Quinze ans les séparent!

Dufaux pour de vrai

Vive la Romandie!

Thierry Cazeneuve est journaliste. Il a pris les destinées du critérium du *Dauphiné libéré* en 1989. Il renouait ainsi avec d'émouvants souvenirs d'enfance et les rêves qui les transportaient quand il voyait passer les coureurs à Grenoble et dans les cols du massif de la Chartreuse. Il n'a jamais cessé de se passionner pour le «critérium», symbole de l'admiration qu'il portait à son oncle Georges, créateur de l'épreuve en 1947. Mais Thierry Cazeneuve est amer, très amer, au départ d'Évian.

Comme en 1993, il n'a pu réunir un plateau digne du passé de sa course, longtemps considérée comme le test grandeur nature dans la perspective du Tour de France, le passage (presque) obligé pour la plupart des coureurs gravissant les cols des Alpes pour la première fois de l'année. Aujourd'hui, le Tour d'Italie attire beaucoup de très bons coureurs, mais ce n'est pas de sa concurrence directe que souffre réellement le critérium du *Dauphiné libéré*. A cette époque, les meilleures équipes espagnoles participent à la Vuelta a Asturias (le Tour des Asturies), et elles ne sont pas les seules. Ce n'est pas tout: depuis 1993, Tony Rominger préfère à la compétition un stage en altitude au Colorado pour préparer le Tour de France. Il est accompagné par deux équipiers, Jorg Müller et Fernando Escartin. Cette saison, trois coureurs de l'équipe Once ont repris à leur compte ce mode de préparation: Laurent Jalabert, Alex Zülle et Erik Breukink. S'ils connaissent la réussite dans le Tour, il est probable que d'autres formations les imiteront. Et dans ce cas, restera-t-il assez de coureurs de qualité pour participer au «Critérium»?

Le lundi 30 mai, le peloton est bien chétif. Ils sont 95 seulement sur la feuille de départ, issus de 11 équipes, dont certaines n'alignent même pas les 9 coureurs autorisés.

C'est dans ce climat, où les sentiments de colère et de dépit se bousculent chez l'organisateur, que le prologue d'une distance de 6 700 m se dispute à Évian. La victoire revient à Chris Boardman, qui remporte son troisième «chrono» de l'année, au profit de l'équipe Gan. L'Anglais ne devance son coéquipier Jean-Philippe Dojwa que de 1" seulement. Mais le Normand a roulé par temps sec, alors que les deux tiers des coureurs ont dû éviter les pièges d'une chaussée devenue mouillée. La vraie émotion, Dojwa la connaît après la course lorsque, en rejoignant son hôtel à bicyclette, il se retrouve sur le capot d'une voiture au passage d'un carrefour. Par chance, il s'en tire avec quelques égratignures à la jambe droite.

Le lendemain, l'Allemand Marcel Wüst, qui s'exprime dans un français parfait, gagne le premier sprint à Saint-Priest.

Emmanuel Magnien le relaie sur le podium au terme de la deuxième étape, s'achevant à Aubenas. C'est la septième victoire de l'Ardennais depuis son ouverture du score, le 13 mai à Beauvais, dans le Tour de l'Oise! «Ce n'est pas que je m'épate, dit-il. Mais quand je ne gagne pas, c'est un manque. Toute l'équipe Castorama travaille pour moi, et elle en prend un coup au moral si je me rate.» Le jeune Magnien se sent bien parmi les autres «Castors juniors». Après chacun de ses succès, il ne manque jamais de les remercier en privé et d'insister, en public, sur l'état d'esprit du collectif, qui est l'un des éléments moteurs de sa soudaine réussite. Deux jours plus tard, à Échirolles, «Manu» s'impose devant Sean Kelly et Greg LeMond, deux anciennes gloires du vélo. Il est comblé.

Entre-temps, Boardman remet les pendules à l'heure, grâce à ses immenses qualités de rouleur. Après 38,2 km parcourus autour de Romans, dans son exercice favori du contre-la-montre, il relègue le Lituanien Arturas Kasputis à 14", le Suisse Laurent Dufaux à 1' 14", Emmanuel Magnien à 1' 25", Charly Mottet à 1' 36". Mais c'est surtout à Chambéry que l'homme de Liverpool se montre épatant, car

Huit victoires en vingt-huit jours: chapeau, Manu!

il franchit la ligne avec près de 2' d'avance sur ses poursuivants. «C'est mon jour de gloire, cette saison! s'exclame-t-il. M'imposer dans une étape en ligne, j'en rêvais chez les professionnels. Et puis, nous étions en fin de course, avec la montagne dans les jambes. Maintenant, je suis un vrai coureur. Plus seulement un pistard, mais aussi un routier», lance avec émotion l'ex-recordman du monde de l'heure. Auparavant, pour Charly Mottet, qui dispute son dernier «Dauphiné» et sait déjà qu'il n'accrochera pas une quatrième victoire à son palmarès – après 1987, 1989 et 1992 –, Dufaux demeure le grand favori.

Le coup de panache tenté par le Drômois sur la route d'Échirolles, en compagnie de Dojwa, a finalement échoué. Mottet est amer: «C'est dommage, parce que Dufaux est une jambe au-dessus de nous en montagne. Il va gagner les doigts dans le nez.» Charly a en partie raison. Le Suisse occupe la première place au soir de l'étape qui mène au Collet d'Allevard, où la victoire revient à Pascal Hervé. Dufaux reconnaît pourtant: «Je n'étais pas si bien qu'en 1993, année de mon premier succès. Lors de la première étape de montagne, je l'ai joué au bluff. J'ai fait dicter le train à mon équipier Neil Stephens dans le col du Coq pour laisser croire que je voulais passer à l'attaque. Je ne suis pas parvenu à exprimer mon potentiel actuel, les muscles de mes jambes paraissaient tétanisés.»

Le lendemain matin, Dufaux reçoit la visite secrète de son chiropracteur, qui l'aide à retrouver une partie de ses sensations avant la dernière journée passée en montagne. Sur la route qui monte jusqu'au Revard, le Vaudois n'est pas inquiété. Ronan Pensec s'octroie l'étape à Chambéry, une très juste récompense pour «Pinpin», l'un des meilleurs Français de la saison.

Au classement final, Dufaux devance le Breton d'une petite minute. Arturas Kasputis est 3e, un accessit probablement déterminant dans le choix des organisateurs du Tour de France de lancer, quelques jours plus tard, une invitation à l'équipe Chazal à participer à la Grande Boucle.

Pensec, tête baissée, Caritoux et Virenque, le col ouvert, entourent Dufaux, en jaune.

A Chambéry, Pensec crie sa joie et rend Virenque amer.

Emmanuel Magnien gagne le Tour d'Armorique, premier succès dans une course par étapes.

UN SLOVAQUE VAINQUEUR DU MIDI-LIBRE

Jan Svorada remporte le Grand Prix du *Midi-libre* avec plus de deux minutes d'avance sur son coéquipier de la Lampre, le Russe Pavel Tonkov. Le coureur slovaque s'affirme ainsi avant le Tour. Victoires d'étape pour Frédéric Moncassin, Laurent Desbiens et Laurent Jalabert. Le Tour d'Armorique sourit à Emmanuel Magnien, qui accumule les sprints victorieux depuis le début du mois de mai. En Suisse, le Tour national revient à un citoyen helvète, Pascal Richard. Le Néerlandais Frans Maassen renoue avec le succès au Tour du Luxembourg. Enfin, à la Route du Sud, un Colombien, Alvaro Mejia, s'impose à ses adversaires dans les Pyrénées, parmi lesquels Richard Virenque, qui obtient toutefois le gain d'une étape. Le Varois est en forme à quelques jours du départ du Tour.

L'heure des championnats nationaux a sonné. Abraham Olano est sacré en Espagne, Wilfried Nelissen en Belgique, Steven Rooks aux Pays-Bas, Jens Heppner en Allemagne, Romes Gaïnetdinov en Russie, et Massimo Podenzana pour la deuxième fois d'affilée en Italie.

Pascal Richard, à l'écart de Vladimir Poulnikov, s'adjuge le Tour de Suisse.

Champion Jacky Durand !

Le rire en partage.

C'est immuable. Il règne chaque année, lors du championnat de France, une atmosphère comme il n'en existe pas dans les autres épreuves. Les coureurs sont partagés entre le rêve et l'angoisse. Ils savent qu'un titre national modifierait le cours de leur carrière et leur attirerait des avantages financiers et une publicité substantiels. Ils peuvent être sous tension aussi, car le départ du Tour approche – c'est pour dans six jours à Lille –, et tous n'ont pas acquis la certitude d'être sélectionnés.

Les spectateurs viennent par milliers et offrent à l'événement une ambiance joyeuse et colorée. Ce jour-là, on encourage l'enfant du pays, le gamin qui a débuté dans le club du coin et fait aujourd'hui la fierté d'une région. Dans ce domaine, le CC Renazé, en Mayenne est particulièrement gâté. Yvon Madiot a été sacré champion de France en 1986. Marc, son frère aîné, l'a imité l'année suivante. Jacky Durand, originaire du village voisin de Ballots, a revêtu le maillot tricolore en 1993, à Châtellerault, dans la Vienne, et remet son titre en jeu pas très loin de là, à Fontenay-le-Comte, en Vendée.

Avant l'appel, la plupart des 86 partants ont le regard plongé dans le vide. Jacky Durand, le gai luron du peloton, n'a pas envie de faire le mariole. Il s'est enfermé à l'intérieur d'une voiture de l'équipe Castorama, concentré comme jamais. Il inspecte les cinq points sur sa jambe, souvenir récent et douloureux de l'inopportune intervention des motards de la Guardia Civil qui l'ont coincé avec d'autres Casto alors qu'ils s'entraînaient en Espagne. La mise en route lui est pénible, et comme ses jambes tardent à tourner selon ses vœux, il envisage un retrait prématuré. « Ce n'était pas mon jour, racontait-il après l'arrivée. Enfin, c'est ce que je pensais à ce moment-là. J'ai dit à Cyrille Guimard de ne pas compter sur moi. »

Charly Mottet, lui non plus, n'est pas au mieux. Le Drômois ne nourrit aucune illusion. Il souffre d'une sinusite – le mal de sa carrière – et abandonne son dernier championnat après seulement six tours d'un circuit dénué de difficultés majeures qui développe 15 km. Lors de la boucle précédente, un autre coureur descend de son vélo, à la fois l'esprit soulagé et le cœur serré. En freinant sans regrets, Laurent Bezault stoppe sa carrière à 28 ans seulement. Le terrible accident dont il a été victime en 1990, sur une petite route du Tour de l'Oise, est si loin et si présent en même temps. Il a fini par corroder ses forces et son mental. Laurent s'est montré d'un courage extraordinaire pour regagner sa place dans le peloton, et gagner tout court, puisqu'il connut ce bonheur mérité au terme d'une étape du Tour du Limousin en 1993. On promettait une grande carrière à ce coureur bourré de talent, véritable terreur dans les rangs amateurs, professionnel assidu et efficace à ses débuts en 1989. Il était un grand monsieur en raison des efforts souvent surhumains qu'il avait consentis et des litres de sueur versés pour remonter sur un vélo de compétition.

A Fontenay-le-Comte, Bezault pense au Tour de France 1995 qu'il effectuera... à moto, pour le compte de la société organisatrice, laquelle s'est attaché ses services, tandis que ses (déjà) ex-collègues impriment un rythme soutenu à la course. Seize coureurs sont échappés. Parmi eux, seuls Pascal Lino (Festina), Thierry Gouvenou (GAN) et Laurent Brochard (Castorama) poursuivent l'aventure. A l'arrière, un regroupement s'opère entre 29 hommes, dont 8 Casto, et l'allure diminue, comme c'est souvent le cas dans ce type de situation. Les trois fuyards en profitent. A six tours de la fin, leur avantage flirte avec les 7'. Certes, l'arrivée est encore lointaine, 90 km encore à se mettre sous la pédale, mais ils se trouvent de bonnes raisons d'y croire. Les équipes Castorama, Festina et GAN n'appartiennent-elles pas aux grosses écuries du peloton français ? Qui va rouler

Lino, Gouvenou et Brochard s'échappent. L'aventure s'achève à 20 km de l'arrivée.

Hervé s'arrache dans la côte.

derrière eux, étant entendu que leurs propres équipiers ne feront pas 1 m en tête d'un peloton restreint?

La réponse est fournie par les maillots jaunes des Jolly, portés par Laurent Pillon, Philippe Casado, Rémy Quinton, Sylvain Bolay. Ceux de la Légion étrangère – Jolly est une équipe italienne basée à Monaco – refusent de se soumettre et lient leur sort aux autres exilés: Laurent Jalabert (ONCE), Frédéric Moncassin (WordPerfect), Gérard Rué, Jean-François Bernard, Stéphane Heulot (Banesto). Ils leur servent de lièvres et espèrent obtenir un dédommagement dans le cas du succès de l'un d'entre eux. Pillon, bête à rouler de réputation internationale, effectue un travail d'une grande efficacité. A terme, l'échappée de Brochard, Gouvenou et Lino est condamnée. Lino renonce, puis c'est au tour de ses deux compagnons d'infortune de capituler. Il reste 20 km de course: le championnat «commence» seulement!

Les frissons sont garantis et les émules d'Alfred Hitchcock sont demandés à la rescousse. A la cloche, les jambes brûlent, mais les têtes ne les écoutent pas. Le paletot est au bout de l'effort! Bruno Cornillet, Jean-François Bernard, Laurent Roux, Ronan Pensec, Laurent Madouas et Eddy Seigneur tentent successivement le coup avec plus ou moins de conviction. A 8 km du but, Éric Caritoux (Chazal), Didier Rous (GAN) et Pascal Hervé (Festina) se détachent. Bernard Hinault et Laurent Fignon vibrent derrière un écran de télévision placé dans la tribune de presse. «Caritoux va les tréfler!», lance Fignon. Hinault murmure sur un ton dubitatif: «Impossible de savoir qui va gagner.»

Un seul homme retrouve leurs roues, en puncheur, dans la dernière côte située à 5 bornes de l'arrivée. C'est Armand De Las Cuevas. Les affaires reprennent chez Casto, sauf, semble-t-il, pour Durand, lâché dans cette même bosse. «J'étais cuit, raconte "Dudu". Mais un championnat, ça ne se court pas autrement qu'au courage. Je me suis dit: "T'as eu le maillot pendant un an, tu ne peux quand même pas finir abattu."» Alors, le Mayennais remonte. Par fierté. Par nécessité aussi, car Emmanuel Magnien, le sprinter maison, peut avoir besoin de ses services. Jacky bouleverse toutes les données, sa cote effectue un bond fulgurant tandis qu'il réalise une fin de course époustouflante. A 1 500 m de la ligne, l'ex-futur champion de France se découvre des forces insoupçonnées et s'extirpe du peloton. A 700 m, il revient sur le quatuor de tête. Le dernier virage, situé 100 m plus loin, représente pour lui le signal de l'attaque. «J'étais sur ma lancée. J'ai récupéré pendant 10". Personne ne bougeait, alors je n'ai pas hésité...»

La ligne n'est plus qu'à 50 longueurs. Il ne peut plus être rejoint. Alors, il jubile, crie son bonheur où la rage de vaincre se mêle à un rire qui n'en finit pas de se répandre autour de lui. Jacky Durand est champion de France pour la deuxième année consécutive. A une poignée de secondes arrive derrière lui un peloton de 46 unités – fait rarissime. Frédéric Moncassin (WordPerfect) est le plus rapide du lot, pour une marche sur le podium. Christophe Capelle (GAN) occupe la 3e place. Les jeux sont faits, et c'est une fois de plus « Dudu » qui a gagné. Vingt-quatre heures avant d'épouser Laurence à Saint-Laurent-sur-Gorre, dans le village Limousin de sa conquête. Elle n'est pas belle, la vie ?

LE DIXIÈME DOUBLÉ

Jacky Durand est le dixième coureur à aligner deux succès consécutifs au championnat de France. Rejoindra-t-il un jour Octave Lapize et Jean Stablinski, qui ont réussi le triplé ? Garrigou (1907 et 1908), Lapize (1911, 1912 et 1913), Francis Pélissier (1923 et 1924), Souchard (1925 et 1926), Le Drogo (1927 et 1928), Louison Bobet (1950 et 1951), Huot (1957 et 1958), Stablinski (1962, 1963 et 1964), Caritoux (1988 et 1989), Durand (1993 et 1994).

Durand crie son bonheur à Fontenay-le-Comte. Sacré Dudu !

DUDU, LE VÉLO FOU RIRE

Dudu et le maillot tricolore

– « 50 % du public sur le bord des routes ne connaît rien du vélo, si ce n'est quelques noms : maintenant j'en fais partie. On cherche du regard le maillot bleu-blanc-rouge comme on cherche le maillot jaune ou le maillot de champion du monde. En 1993, j'avais gagné à Châtellerault après une échappée de 210 km. J'étais dans un jour de grâce. Ce n'était pas le cas à Fontenay-le-Comte, où j'ai démarré à 600 m de la ligne ! Bon, je vais commencer à m'habituer à ce maillot. Ça se passe où l'année prochaine ? »

Dudu et les Madiot

– « A 14 ans, j'ai commencé le vélo sur les conseils de mon frère Patrick, qui était amateur de première catégorie et qui était vraiment mordu. Moi, je n'étais pas spécialement branché vélo et je n'y connaissais même rien. J'ai débuté à Renazé, dans le club des frères Madiot, et si je suis passé pro c'est un peu grâce à eux. Marc est devenu professionnel après les jeux Olympiques de Moscou, en 1980, et moi, dans la foulée, je signais ma première licence. C'est tout un symbole de se retrouver après, côte à côte, dans les pelotons. Jamais je n'aurais pu imaginer ça. »

Dudu et la Belgique

– « Même si on sait que l'on va porter le maillot de champion de France une année de plus, ça reste moins important que d'enlever une classique. Du point de vue sportif. Car tous ceux qui ont couru le Tour des Flandres savent que ça a plus de valeur qu'un titre national. J'aime la Belgique. Quand j'ai gagné le Tour des Flandres, après une échappée de 215 km, j'ai dit à la télé : "Je préfère le "Ronde" à Paris-Roubaix". Ça a surpris beaucoup de monde. En Belgique, après une course, tu frappes à une porte pour te changer, tu seras toujours bien accueilli. C'est tellement injuste de parler des courses belges en évoquant uniquement les pavés, le froid, la pluie, le vent. Il ont le vélo à fleur de peau. »

Dudu et la rigolade

– « Au Bataillon de Joinville et ensuite, je n'ai plus trop fait le métier. J'avais envie de faire la fête, de décompresser. Je me suis calmé, même si j'essaie toujours de divertir la classe. Le soir à table, il faut permettre aux coureurs de penser à autre chose et d'oublier le stress de la course. Mais si je n'en ai pas envie, je ne me force pas. Il y en a toujours bien un autre pour lancer une histoire drôle autour d'une bonne bière. J'apprécie d'en déguster une avant d'aller me coucher. Je ne pense pas que ça changera le résultat du lendemain. Certains se sont faits à l'idée de boire de l'eau toute l'année, mais je ne sais pas où ils trouvent leur plaisir. C'est un peu fade, non ? »

Dudu et la grande bouffe

– « A mon entrée chez les pros, je mangeais à ma faim tous les jours. J'ai réalisé le problème pendant le Tour d'Italie en 1991. J'ai perdu la bagatelle de 4 kilos en dix jours. Le soir, j'avais une assiette de pâtes, c'est tout, et j'allais au lit directement sans passer par l'apéro ni le dessert. Je crois que ça a été le déclic pour la suite de ma carrière : si j'étais resté au même poids, je n'aurais probablement plus été professionnel à la fin de la saison. »

LE TOUR

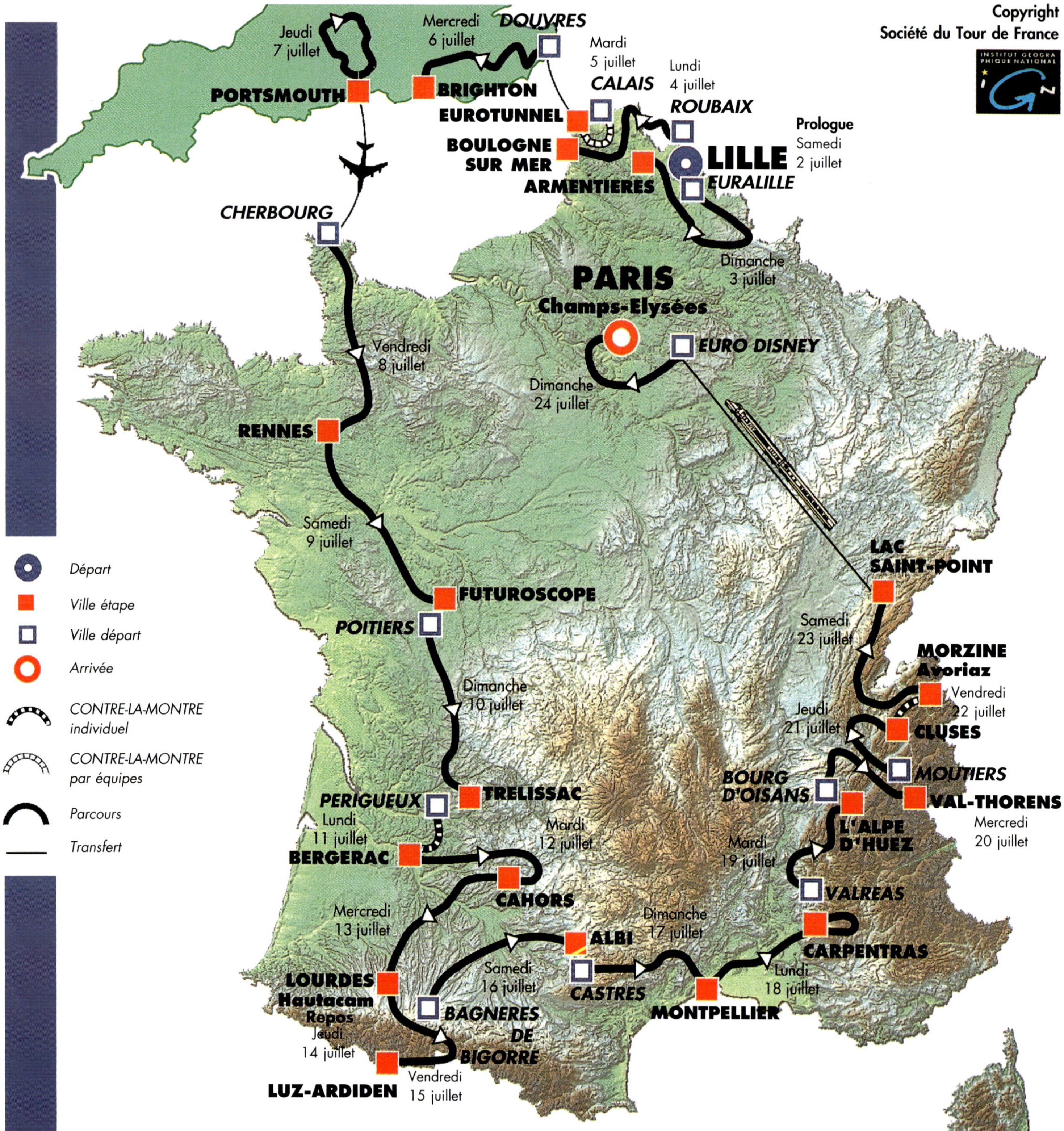

81[E] TOUR DE FRANCE

2 JUILLET - 24 JUILLET 1994

Le grand défi d'Indurain

Miguel Indurain va-t-il remporter un quatrième Tour de France consécutif et imiter Jacques Anquetil et Eddy Merckx, les deux grands champions qui ont déjà réalisé cet exploit ? C'est, bien sûr, LA question qui est posée au départ de la 81e édition de la « grande boucle », à Lille. Car la menace Rominger se précise. Lauréat de la Vuelta pour la troisième année consécutive, le coureur suisse a préparé le Tour en effectuant un long stage en altitude au Colorado. Recette efficace l'année précédente, puisque Tony Rominger s'était classé à la deuxième place, derrière l'Espagnol. Pour la première fois depuis 1992, Indurain n'est pas désigné comme le grand favori. Il a été battu au Giro par le jeune Russe Evgueni Berzin, dont on attend avec impatience les grands débuts dans le Tour – en 1995 –, mais il garde toutefois les faveurs du pronostic. Car il reste LA référence et appartient à la légende du Maillot jaune, dans laquelle quelques jeunes Français pleins de fougue aimeraient bien se faire une petite place.

« BONDJIOUR LE TIOUR ! »

Le Tour de France commence, et c'est la fête qui recommence. Il s'inscrit avec force dans la grande épopée des hommes, et les fait rêver, car il représente l'une des dernières grandes aventures humaines, dans laquelle chacun puise sa part d'imagination et de bonheur.

Trois, deux, un… c'est parti pour Miguel !

Jeff Bernard, cosmonaute sur deux roues.

Il y a bien longtemps que celle que l'on surnomme affectueusement la Grande Boucle est beaucoup plus qu'une immense épreuve athlétique de 4 000 km : un événement planétaire figurant sur le podium de la diffusion d'images télévisées, de sons radiophoniques et de pages d'écriture, aux côtés des jeux Olympiques et de la Coupe du monde de football. Miguel Indurain est, à ce titre, l'un des champions les plus connus dans le monde, qui brigue une quatrième victoire consécutive au départ du Tour, le 2 juillet à Lille. Exploit seulement réalisé jusqu'alors par deux géants, Jacques Anquetil et Eddy Merckx.

Sous un soleil brûlant, le public de la région — plus les Belges venus en voisins —, dont on sait qu'il a un cœur en Nord, fait un triomphe aux 189 acteurs du grand théâtre sportif ambulant de juillet. L'un d'entre eux, Chris Boardman, salue avec quatre jours d'avance le passage du peloton dans le tunnel sous la Manche entre la France et l'Angleterre. Juché sur son vélo Lotus, un petit bijou en matière de recherche en aérodynamique, le Britannique remporte le prologue dessiné sur les 7 200 m d'un circuit urbain à une vitesse supersonique : 55,152 km/h ! « Il n'y avait rien à faire contre lui », souligne, admiratif, Miguel Indurain, deuxième à 15''. « Quelle classe, quel moteur ! » renchérit Tony Rominger, qui finit à 19''. Jamais un coureur n'était allé aussi vite au premier jour du Tour…

« J'aime les challenges, les défis physiques. Je pouvais même faire mieux : quand j'ai passé la ligne, j'ai eu le sentiment de ne pas m'être livré à fond », estime Boardman, qui endosse, trente-deux ans après Tom Simpson, le « yellow jersey ». Son directeur sportif du GAN, Roger Legeay, jubile. « Quand on peut aligner treize poursuites successives de pointure mondiale pour établir un record de l'heure, c'est qu'on est très, très fort et qu'on doit devenir un excellent routier, à l'image d'Oosterbosch ou Bondue ». L'ancien menuisier de Liverpool, issu d'une famille de condition sociale modeste, est, depuis trois ans, un personnage incontournable de l'été : champion olympique de la poursuite en 1992 à Barcelone, recordman du monde de l'heure (52,270 km) en 1993 à Bordeaux, et maintenant premier Maillot jaune du Tour de France 1994 à Lille...

Malheureusement pour lui, Boardman perd la précieuse étoffe juste avant l'embarquement pour son pays. Elle est sur les épaules du Belge Johan Museeuw, qui s'en empare à la suite de la victoire dans le contre-la-montre par équipes des GB-MG. Les Motorola du champion du monde Lance Armstrong terminent à 6" seulement, les Banesto de Miguel Indurain sont à 18", les Castorama d'Armand De Las Cuevas à 27", les Mapei de Rominger à 42".

Chris Boardman met le turbo : 55,152 km/h sur les 7,2 km du prologue !

Eddy Seigneur se classe 7ᵉ à 30".

Armand De Las Cuevas, 5ᵉ et 1ᵉʳ Français.

Trente-deux ans après Tom Simpson...

... un Anglais est en jaune.

L'équipe Castorama obtient une belle quatrième place à l'issue du contre-la-montre entre Calais et Eurotunnel (66,5 km).

« Big Mig » dans le tunnel sous la Manche.

Brighton, mercredi 6 juillet. Le Tour est en Angleterre. Il n'y était pas retourné depuis 1974 quand, à Plymouth, le Néerlandais Henk Poppe s'était imposé au sprint à Jacques Esclassan. « L'étape se déroulait sur l'autoroute avant sa mise en service, se souvient l'ancien coureur Paul Sherwen. Cette fois, on a changé nos lois pour que la route entière soit réservée au passage des coureurs. » Sherwen ajoute que c'est une performance d'en être arrivé là, car en Grande-Bretagne on n'a pas vraiment l'habitude de bousculer règles et vieilles traditions.

Les Anglais méritent le Tour. Durant deux jours, de Douvres à Brighton puis à Portsmouth, ils sont des dizaines de milliers sous un ciel charriant de gros nuages à découvrir la caravane publicitaire et à applaudir le peloton. « Bondjiour le Tiour ! », crient-ils avec une touchante attention dans la voix. L'Espagnol Francisco Cabello remporte la première étape « british » et l'Italien Nicola Minali la seconde. Johan Museeuw n'arbore plus le maillot jaune, qui reste cependant bien au chaud dans l'équipe GB-MG sur les épaules de Flavio Vanzella. Bien sûr, Chris Boardman aurait aimé goûter à ce bonheur devant les siens. Il est déçu de ne pas l'avoir fait, n'est-il pas ? « Oh ! yes, just a little. » Un autre Anglais, Sean Yates, attendra que la course s'éloigne de la Grande-Bretagne pour le revêtir, en Bretagne tout court…

Dans les vertes collines du Kent.

Au pied du château de Douvres, Museeuw est en jaune et Boardman a le cœur léger.

Cabello devance Magnien à Brighton.

Alerte pour Tony Rominger: une petite douleur s'est déclarée à son genou gauche…

Alex Zülle toujours à la recherche des bons réglages.

Sur la route de Douvres à Brighton, le peloton reçoit l'ovation du public anglais. Le Tour en Angleterre : une grande réussite.

Un lunch pour patienter joyeusement. Le public est bon enfant.

Flavio Vanzella, un gregario en jaune.

LE JOUR SANG DES SPRINTERS

L'exploit puis le désastre. Dans la région nordiste totalement acquise à la cause du peloton, qu'elle salue chaleureusement sur le bord des routes au goudron fumant, le Tour prend son envol en soufflant le chaud et le froid. L'exploit, c'est l'Anglais Chris Boardman qui le signe à 55,152 km/h sur les 7 200 m du prologue lillois.

Le désastre provient, le lendemain, d'une terrible collision entre Wilfried Nelissen et un policier, auteur d'une faute invraisemblable, que le champion de Belgique heurte de plein fouet. A Armentières, dans l'après-midi du dimanche 3 juillet, des coureurs tombent, souffrent, et les larmes coulent. C'est le jour sang des sprinters, et ses scènes insupportables qui marquent à jamais. Le gémissement des hommes brutalement jetés à terre, les cris de la foule qui passe d'un instant de peur à l'état de choc, la sirène d'une ambulance dont les portes se referment derrière Laurent Jalabert et Wilfried Nelissen. Les voilà tous les deux qui pénètrent dans une spirale maudite à leur tour, dans laquelle Mario Cipollini est entré le premier en se blessant sérieusement au début de la Vuelta. Frédéric Moncassin, lui, s'est cassé la cheville... en descendant du podium où se déroulait la présentation des coureurs, à la veille du départ à Lille. Décidément, ce n'est pas l'année des seigneurs de la vitesse...

Mais que fait dont la police ce jour-là dans les derniers mètres du parcours de l'étape qui s'achève en montée? Elle prend une photo, épisode à l'origine de l'accident!

Un CRS se mue en effet en reporter-photographe et, pour s'offrir un angle correct de prise de vue, il s'écarte de la niche qui lui est attitrée et campe sur la chaussée. Les photographes, les vrais, sont placés à une centaine de mètres derrière lui. Ils immortalisent les images d'épouvante qui vont suivre. Pauvre Jalabert! Il est assis sur la chaussée, à demi inconscient. Son visage baigne dans le sang et enfle à vue d'œil. Il a perdu plusieurs dents. Il est méconnaissable. En quelques minutes, il a pris quarante ans.

Enfermé dans la souricière, Jaja a heurté un cône publicitaire avec une rare violence, effectué une culbute et est retombé lourdement. Le Français avait choisi de suivre la roue de Nelissen en pensant qu'elle pouvait être celle de la fortune. Le Belge a foncé tête baissée, comme de coutume, les muscles du corps tendus comme un arc en action. Au centre, il aperçoit Abdoujaparov, qui remportera la victoire, et Ludwig. Alors, Nelissen décide de passer par la droite. Il ne voit pas le policier qui prépare sa photo. L'œil collé au viseur, ce dernier est trompé par le grand-angle, dont l'une des propriétés est d'augmenter les distances. Il pense que les coureurs sont encore loin. Méprise fatale. Nelissen percute le CRS et tombe sur la tête. Fabiano Fontanelli se couche sur le Limbourgeois. Le visage de l'Italien, balafré, porte la marque des dents d'un grand plateau. Près de lui, l'Ukrainien Alexander Gontchenkov se relève le premier, il parvient à franchir la ligne de l'arrivée, mais son poignet est cassé. Le Belge Johan Capiot est indemne.

Jalabert, Nelissen et le policier sont le plus gravement atteints. On les extrait, avec d'immenses précautions, d'un amas de vélos brisés, pour les diriger vers l'hôpital de Lille. L'inquiétude grandit. Le scanner révèle, chez Jalabert, plusieurs fractures des os de la face, nécessitant une intervention chirurgicale, le lendemain, longue de près de quatre heures. L'état de santé de Nelissen est «confusionnel». Le Belge se trouve sous le coup d'une amnésie partielle. Plus tard, il réunira à grand-peine quelques souvenirs de cette gamelle tristement... mémorable. Le policier souffre, lui, de multiples fractures.

Les coureurs sont blessés dans leur chair, et les directeurs sportifs dans leur âme. «Il nous faudra quelques jours pour oublier ça», dit Walter Planckaert, le directeur sportif de Nelissen, au lendemain du drame. Il ajoute sur un ton grave: «C'est un gros préjudice, moral et financier. On n'a plus de sprinter pour huit ou neuf étapes de plat. A la fin du Tour, le sponsor va nous demander où sont les résultats.» Pire encore, Novémail annoncera son retrait du peloton pour la fin de la saison.

Drame à Armentières: le premier sprint s'achève dans la souffrance. Pour Laurent Jalabert et Wilfried Nelissen, le Tour est déjà terminé.

Chez les Espagnols de la ONCE, c'est d'abord le cœur qui parle. «Jalabert est quelqu'un de cher à notre équipe, souligne son directeur sportif Manolo Saiz. Le plus important, c'est Jalabert comme homme et pas comme coureur. Nous sommes si tristes pour lui...»

Jalabert ensanglanté, Fontanelli sonné.

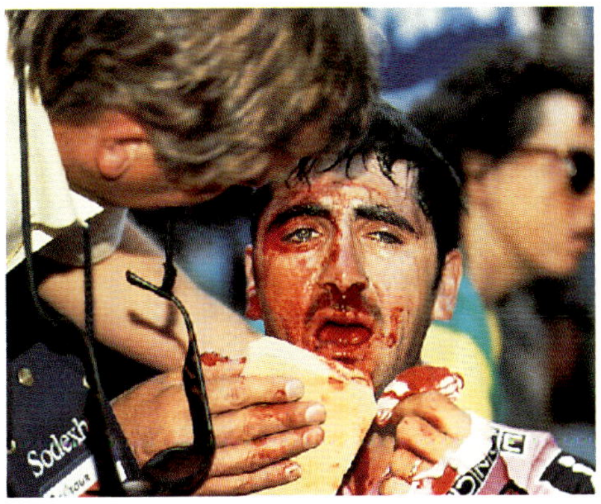

Pour Jaja, une terrible épreuve commence.

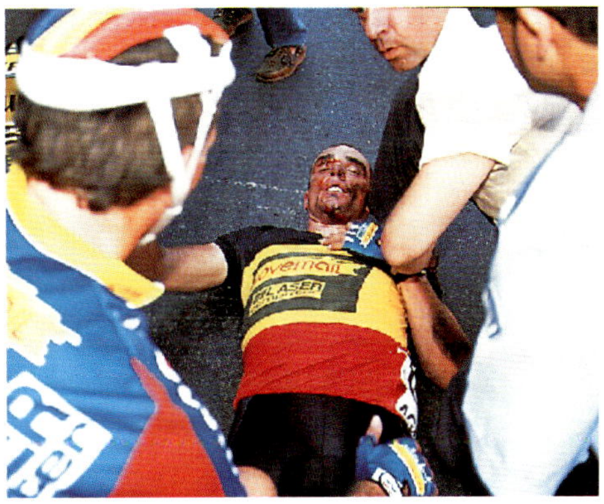

Nelissen ne se souviendra de rien.

Greg LeMond, un champion aimé et un chic type victime d'un coup du « balai ».

En Normandie, Marie conduit Vanzella sur ses routes d'entraînement.

Bortolami : naissance d'un beau coureur à Rennes.

GREG LEMOND, UN AMÉRICAIN DÉBARQUÉ EN NORMANDIE

Greg LeMond quitte le Tour dans l'après-midi du 8 juillet, à l'heure du goûter de Geoffrey, Scott et Simone, ses trois enfants. C'est un moment très pénible à vivre pour lui. Il l'est aussi pour tous ceux qui ont aimé le champion et continuent à apprécier l'homme.

A la sortie de Saint-Hilaire-du-Harcouët, km 180 de la sixième étape, là où s'achève la Normandie et commence la Bretagne, l'Américain descend de vélo et abandonne à un mécanicien de l'équipe GAN ce qui est devenu pour son corps épuisé un instrument de torture. Il baisse la tête afin de camoufler l'immense désespoir qu'exprime son visage. Et il monte dans le camion balai. « Pour la première fois de ma vie », dit-il. Le règlement est le même pour tous, une lanterne rouge du Tour ou un triple maillot jaune (1986, 1989, 1990) au destin tantôt magnifique, tantôt cruel.

« Je rêvais d'un autre départ », soupire-t-il. Cette fois, c'est vraiment fini, même si Greg réclame encore un peu de temps pour réfléchir et subir des examens médicaux approfondis qui lui livreront peut-être la clé du mystère de ses nombreuses défaillances. « J'ai peur d'être malade », lâche-t-il la mine sombre. Le corps de LeMond a gardé de son terrible accident de chasse, en 1987, une trentaine de plombs. Son organisme ne répond plus aux exigences de son orgueil. Il craint un empoisonnement du sang par le plomb.

L'ambiance est à la mélancolie. Étrange rappel du passé, l'étape dont il ne voit pas l'arrivée se termine à Rennes par la victoire de l'Italien Gianluca Bortolami. Rennes, où l'Américain avait gagné son grand retour en 1989, en signant un temps canon dans un contre-la-montre qu'il avait disputé à l'aide d'un guidon de triathlète favorisant l'aérodynamique. Prémices d'un splendide Tour de France qu'il s'adjugeait pour 8" seulement, aux dépens d'un merveilleux Laurent Fignon. Dernière audace de ce coureur génial.

Yates: encore un Anglais en jaune!

Dans le Poitou, Desbiens cherche du renfort.

Poli, une vaine échappée de 166 km.

Svorada (au centre) domine Ludwig et Abdoujaparov au Futuroscope.

Hamburger gagne au pays du foie gras...

Vingt-septième kilomètre: Tony Rominger crève. Ce n'était pas le jour du Suisse.

Entre Périgueux et Bergerac, Miguel Indurain réussit un grand numéro de soliste.

INDURAIN OU LA LOI DU « CHRONO-MAÎTRE »

Une vidéocassette consacrée aux victoires de Miguel Indurain dans le Tour de France livrerait des images paradoxales, à la fois époustouflantes et monotones. Il n'y a que l'Espagnol qui puisse souffler ainsi le show et le froid. L'histoire est bien connue: le bientôt quadruple vainqueur du Tour abat ses adversaires comme des cartes et se bâtit des châteaux en Espagne. Depuis 1991, le scénario se répète en Normandie et en Bourgogne, dans le Grand-Duché, près des châteaux, de la Loire ceux-là, en Lorraine enfin. « Les routes surchauffées du Périgord, suintantes de goudron, ne rappelaient guère l'autoroute ventée du Luxembourg en 1992 ou la grêle du lac de Madine en 1993. Mais, quel que soit le temps, quelle que soit la latitude, Miguel Indurain frappe », écrit notre ami Hervé Mathurin dans *Sud-Ouest*.

En 1992, Gianni Bugno le décrivait comme un « extraterrestre », et Claudio Chiappucci se lamentait: « C'est un homme de fer, alors que nous ne sommes que des êtres de chair et d'os. »

Il a une forme humaine, mais ce n'est pas un homme comme les autres: il habite la planète jaune. Il se glisse dans la fine peau d'un maillot synthétique qui lui moule le corps et restitue pendant l'effort sa beauté plastique. Il a l'œil noir. Ses dents sont alignées comme les touches d'un ordinateur. Son visage a la froideur de l'écran. Miguel Indurain est programmé pour gagner chacune des courses dans lesquelles le classement obéit au seul verdict du chronomètre. « Il a une force morale exceptionnelle, insiste son directeur sportif, Jose-Miguel Echavarri, qui veut casser l'image du robot. Miguel est le meilleur parce qu'il travaille beaucoup. Plus le temps passe, plus il donne la preuve de sa force et de sa position de favori. » Plus il est à même de repousser les limites de la souffrance, serait-on tenté d'ajouter.

Un nouveau rendez-vous est pris entre Périgueux et Bergerac, 64 km à se mettre sous les dents: plateaux de 54 à 50 à l'avant; roue libre à huit vitesses dotées de pignons de 12 à 19, à l'arrière du vélo Pinarello qu'enfourche l'Espagnol.

Ce jour-là, ses qualités exceptionnelles accablent une fois de plus ses rivaux. Tony Rominger est le seul à éviter le naufrage, mais il concède toutefois 2'. Pile. «Je ne m'y attendais pas, reconnaît le Suisse. Je tablais sur une perte de 1' à 1' 15" maximum. J'avais de bonnes sensations, j'ai tout donné, mais ce n'était pas encore suffisant. Mon genou gauche ne m'a pas fait souffrir. Je ne peux donc invoquer aucune excuse, même si la crevaison survenue au 27e kilomètre m'a coûté un peu de temps, sans doute une trentaine de secondes. Indurain était le plus fort, il faut l'accepter.» Au classement général, Rominger occupe la 2e place, à 2' 28" du chef des Banesto.

Partir vite, poursuivre sur un rythme élevé, finir à fond: la tactique de l'homme surpuissant, selon le Navarrais, qui met sa théorie en pratique pour «creuser des écarts avant les Pyrénées». A Bergerac, Indurain déshabille le Belge Johan Museeuw du maillot jaune et constate: «Je crois que certains ont payé les efforts fournis durant la première semaine. Il fallait enrouler de grands braquets et pouvoir les tenir. J'ai trouvé que l'étape était dure plus à cause de la chaleur que des difficultés», souligne-t-il encore. A 50,539 km/h, il la survole et signe la deuxième performance jamais réalisée dans un contre-la-montre du Tour (supérieur à 50 km). Il avait déjà roulé à 52,349 km/h en 1992, dans l'étape Tours-Blois, longue également de 64 km.

Le troisième, Armand De Las Cuevas, lui concède 4' 22". Si le Français est à sa place, il estime qu'il y a 1' 30" de trop dans son passif. «Je ne pense pas être parti trop vite, indique le coureur bordelais. J'étais régulier, j'ai fait attention à ne pas me mettre dans le rouge.» Après lui, le déluge. Les dégâts sont énormes: Ugrumov est à 6' 04" d'Indurain, Chiappucci et Leblanc pointent à 8' 04", Zülle à 9' 03", Mejia à 9' 56", Virenque et Bugno arrivent à 10' 37", Pantani à 10' 59"... N'en jetez plus, leur moral est déjà si bas!

Les Castorama échappent toutefois à ce climat de morosité générale avec De Las Cuevas, 3e de l'étape (et du général), Thierry Marie, 4e, et le surprenant Thomas Davy, 7e. Jolie performance collective à la veille de l'étape de Cahors, où Jacky Durand fait chanter le coq avant les Pyrénées...

L'HONNEUR D'UN CHAMPION DE FRANCE

Jacky Durand entame le Tour en lançant une boutade: «Le championnat de France que j'ai gagné et mon mariage, le lendemain, m'ont fatigué. Je suis ici pour me reposer.»

Lorsque le peloton roule dans la campagne anglaise, il fait la moue. «Ce n'est plus le Tour de France, dit-il. J'avais ressenti la même chose en 1992, à San Sebastian: j'avais l'impression de courir le Tour d'Espagne.» On le voit, «Dudu» n'est pas un Européen convaincu. Plutôt franchouillard, il retrouve la joie de pédaler quand la course visite la Normandie et la Bretagne, proches de sa Mayenne. Dans le Limousin, où il réside pour avoir épousé Laurence, originaire de cette région, il échafaude des plans d'attaque et offre sa grande carcasse au vent. «Dix fois, vingt fois, je ne sais plus. Parfois je prenais 1,50 m, parfois 10 m, avant d'être repris.»

Le 12 juillet, sur la route de Cahors, c'est enfin la bonne échappée. Qu'il lance dès le 8e kilomètre après le départ de Bergerac, avec dans sa roue l'Australien de Festina Stephen Hodge, Gianluca Bortolami, 4e du général à 5' 47" d'Indurain, et Marco Serpellini, un ancien champion du monde juniors. Le peloton ne les reverra jamais, et surtout pas Durand, qui gagne l'étape en solitaire avec 1' d'avance sur ses derniers poursuivants.

«Comme il n'y a pas d'étape le 14 juillet (jour de repos à Lourdes) pour le champion de France, il a juste pris quarante-huit heures d'avance», rigole Cyrille Guimard, soulagé de savoir que le compteur des Casto ne restera pas bloqué à zéro, comme en 1993.

A 10 km de l'arrivée, Bortalami casse un rayon. Incident fatal à l'Italien. Pour Durand,

Jacky Durand en solitaire à Cahors.

il devient urgent de ne plus attendre. Le Français se déporte brutalement sur la droite de la chaussée et «place une mine», selon l'expression recueillie dans le peloton. Pendant quelques secondes, Stephen Hodge et Marco Serpellini s'observent, chacun se demandant lequel des deux doit faire l'effort d'entamer la poursuite.

Le maillot tricolore s'éloigne de leur champ de vision, ils ne le reverront plus avant qu'il gravisse le podium à Cahors. Au total, 152 km d'échappée dans la fournaise et un bonheur brûlant. Jamais, depuis Laurent Fignon en 1984, lors d'un contre-la-montre s'achevant au Mans, un coureur vêtu du maillot de champion de France n'avait triomphé au terme d'une étape du Tour. Dix ans après, Durand est celui-là. L'homme des coups d'éclat, un rouleur de grands chemins, d'une rare obstination, comme en témoigne la longueur de ses échappées lors de ses succès précédents: 195 km au Grand Prix d'Isbergues (1991), 220 km au Tour des Flandres (1992), 217 km au championnat de France (1993). Un mois après sa victoire de Cahors, il récidivera lors de deux étapes du Tour du Limousin à l'issue de fugues de 160 km... et 192 km.

Hardi Durand, et admirable!

Dans la montée vers Hautacam, deux Français s'accrochent aux basques de Miguel Indurain.

Richard Virenque et Luc Leblanc auront chacun leur jour de gloire dans les Pyrénées.

LEBLANC ET VIRENQUE ENFLAMMENT LES PYRÉNÉES

Que sait-on de la montée vers la station d'Hautacam, altitude 1 480 m, perchée audessus de Lourdes ? Rien ou presque, puisque c'est la première fois que le Tour l'emprunte. Celui qui la connaît sans doute le mieux, avec Gilbert Duclos-Lassalle, mais le Béarnais est absent, se trouve être Miguel Indurain en personne. « J'aime cette montée, je l'ai souvent faite à l'entraînement », assure-t-il. Thomas Davy est l'un des rares Français à avoir escaladé sa pente, d'une longueur de 13,5 km et dotée d'une moyenne de 8 %. C'était en 1992, lors d'une épreuve... cyclosportive, à laquelle il participait en compagnie de son père. « Là, c'est sûr, ça se montera à une tout autre vitesse », plaisante le coureur de l'équipe Castorama, 6e du classement général. « C'est un des point cruciaux dont l'intérêt dépasse la difficulté même de la montée », prévient Bernard Hinault. Son argument est le suivant : « On y arrive après dix étapes de plat menées tambour battant, au bout d'une longue journée de 263 km, et d'un coup, c'est la haute montagne. »

Hautacam porte un nom aux consonances d'une contrée sauvage du grand Nord canadien, mais ce n'est pas une contrée sauvage du grand Nord canadien. Plus exactement un piège, un endroit où plusieurs grands noms du peloton vont subir l'un des plus grands coups de froid de leur carrière, où Luc Leblanc relance la sienne et Miguel Indurain donne un peu plus le sentiment qu'il roule allégrement vers une quatrième victoire dans le Tour.

Chris Boardman ne verra pas Hautacam. Épuisé, le premier Maillot jaune de juillet abandonne la course au ravitaillement de Fleurance, après 100 km. Tony Rominger ne ressent plus la petite douleur à un genou qui le tenaillait quelques jours plus tôt. Le Suisse a des soucis autrement plus sérieux. Il souffre de problèmes gastriques, qui le vident petit à petit de ses forces et l'obligent, durant l'étape, à s'écarter provisoirement du peloton. Dans son ordinateur, où il consigne toutes les données

Dans le brouillard, Luc Leblanc lâche Miguel Indurain et relance sa carrière.

Le calvaire de Chiappucci.

relevées lors de ses compétitions et des entraînements, Rominger n'avait pas programmé son arrêt précipité dans un champ de maïs pour se soulager...

A 4 km du sommet d'Hautacam, on aperçoit, sur le bord de la route, un diable en chair et en os. Vous savez, cet inconditionnel de Claudio Chiappucci (« il diablo »), vêtu d'une combinaison rouge et noir, qui s'agite, un trident à la main, chaque jour, au passage des coureurs. Il s'est posté là où le brouillard commence à envelopper la chaussée, dissimule et sublime à la fois l'effort des athlètes. A cet endroit précis, comme s'il avait voulu leur crier : « Pour vous, l'enfer commence ici. »

Tony Rominger a enregistré depuis un moment ce douloureux message. Il a lâché prise à 6 km de l'arrivée. Lorsque Miguel Indurain écrase les pédales et se détache dans son style surpuissant, le Suisse entre au purgatoire. A la vitesse de l'éclair, il débourse une minute, puis deux. Ça y est, il descend en enfer. Pendant ce temps-là, l'Espagnol monte au septième ciel. Il crée l'événement. Tony est, certes, affaibli, mais dans ces moments-là, il n'y a pas de place pour les sentiments. « Habituellement, Rominger est toujours à mes côtés, raconte plus tard le Navarrais. Je l'ai cherché, il n'était pas là. Alors, je me suis dit : "Il faut que tu montes à fond, que tu donnes tout ce que tu as." » Indurain se débarrasse enfin de sa vieille calculette et n'a pas à demander à Jean-François Bernard un nouveau sacrifice de sa part, puisque c'est une évidence. « Plus fort, plus fort », exige-t-il de son équipier nivernais.

Armand De Las Cuevas se bat pour obtenir la 5e place de l'étape et retrouver la 3e du général. Luc Leblanc est le seul à pouvoir accompagner Indurain. Le Français et l'Espagnol fondent sur Pantani, à 2 km de l'arrivée, parti en éclaireur dans le brouillard. Le Limousin attaque aussitôt. Indurain saute dans sa roue. Consolider son avance au classement général est une priorité pour le Maillot jaune, qui ne souhaite pas pour autant faire cadeau de l'étape au coureur de Festina. Dans les derniers mètres, « Lucho » jaillit. Il a puisé en lui les forces nécessaires pour devancer Indurain sur la ligne, et n'en revient pas. « C'est fantastique, je n'y crois pas ! C'est fantastique, je ne trouve pas de mots ! Vous vous rendez compte : gagner ici, devant Indurain, ce grand seigneur ! Cette victoire ne pouvait pas mieux tomber après deux années noires. Maintenant que je suis redevenu un coureur heureux, je voudrais remercier ma femme, qui a toujours été à mes côtés dans les moments difficiles. »

La France du Tour a entendu, via son poste de télévision, le message tendre et sincère que Luc a adressé à sa jolie Madrilène. L'Italie, elle, est triste pour Claudio Chiappucci, qui fait peine à voir dans la montée d'Hautacam, juste devant le camion-balai. « Il s'est vidé toute la nuit », explique Sandro Quintarelli, son directeur sportif de la Carrera. « Au pied du col, il s'est mis à vomir. J'ai pensé qu'il ne monterait jamais en haut. » Entouré par cinq équipiers qui cherchent les mots qui lui donneront assez d'énergie pour rester sur le vélo, Chiappucci est pitoyable et magnifique à la fois dans la souffrance. Son supplice s'achève

Sa réputation a franchi les Pyrénées: Richard Virenque est encouragé par les propres supporters de Miguel Indurain. A Luz-Ardiden, il signe sa première grande victoire.

23' 57" après l'arrivée de Leblanc. La journée de repos se révèle insuffisante pour qu'il recouvre ses forces.

Au petit matin de l'étape Bagnères-Albi, Claudio sait qu'il ne repartira pas. Une femme lui tend un bidon contenant de l'eau bénite sur les marches de son hôtel, à Lourdes. Il en avale une gorgée. «De toute façon, ça n'aurait pas marché puisque je suis le diable», dit-il en esquissant un sourire pathétique éclairant brièvement son visage, qui n'exprimait jusqu'alors rien d'autre qu'une détresse infinie.

Hautacam devait être une entrée en matière dans les Pyrénées, préparant la grande étape de 205 km par les cols de Peyresourde (1 569 m), d'Aspin (1 489 m), du Tourmalet (2 115 m) et la montée vers Luz-Ardiden (1 715 m), où Miguel Indurain triompha en solitaire, en 1990, lorsqu'il était encore attaché au service de Pedro Delgado. Eh bien! quarante-huit heures plus tard, Richard Virenque s'offre un très beau plat de résistance et complète le festin de Festina, l'équipe de Bruno Roussel, déjà comblée par les victoires de Jean-Paul Van Poppel à Boulogne-sur-Mer et de Luc Leblanc à Hautacam, celle-là toute chaude dans les esprits.

Festina va se révéler, au fil des étapes, le meilleur collectif du Tour, et Virenque, son âme, le fruit mûr de son audace. Le jeune Varois n'en manque pas lorsqu'il décide de passer à l'attaque dans l'ascension du col de Peyresourde pour revenir sur un groupe de cinq coureurs. «Partir de loin, c'est tout à fait moi», affirme-t-il souvent. Il franchit en tête le sommet d'Aspin, situé à 65 km de l'arrivée, et, déchaîné, distance l'Espagnol Laudelino Cubino, qui lui rend déjà 2' 40" en haut du Tourmalet, où il poursuit son aventure en solo. «Ce matin, je me suis levé et j'ai dit: "Allez, je vais chercher le maillot à pois. "» Se lever de sa selle, cette fois, il ne fait que ça, et donne une forme à son rêve. Le frisson sur la peau, le visage perlé de gouttes de sueur, les yeux et la bouche ouverts pour chercher la banderole et sa ligne promise et respirer à fond, Richard Virenque achève sa chevauchée fantastique de plus de 100 km avec quatre bonnes minutes d'avance sur Marco Pantani, et près de huit sur Miguel Indurain. Tony Rominger a encore perdu du temps sur le Maillot (3' 09"), mais cela tient désormais de l'anecdote. Au classement général, Virenque est 2e, à égalité avec le Suisse, à 7' 56" du Roi Indurain, que ce jeune prince fou vêtu du maillot de meilleur grimpeur rêve maintenant de détrôner. «Il peut connaître une faille au moment où moi je me trouve en état de grâce. Je n'y crois pas, mais on ne sait jamais. »

C'est beau, l'inconscience, parce que ça paie aussi, comme pendant ce jour de chaleur dans les Pyrénées…

A 40 km de l'arrivée de la 13e étape à Albi, Tony Rominger fait appeller sa voiture.

Le maillot à pois rouges, sa deuxième peau.

COUP DE CHALEUR ET GROSSE FATIGUE

Ce Tour est fou, et les coureurs commencent à délirer sous un ciel plombé. Épuisés, blessés ou malades, certains ont quitté la course, comme Tony Rominger, la victime la plus célèbre relevée sur la liste des 21 abandons lors de l'avant-dernier week-end de l'épreuve. Vaincu par une gastro-entérite, le Suisse renonce à continuer dans le cours de la 13e étape entre Bagnères-de-Bigorre et Albi, après avoir retiré consciencieusement le pulsiomètre qui ceinture son corps et essuyé une larme.

Toujours très professionnel dans ses démarches, le leader de l'équipe Mapei-Clas tient une conférence de presse le soir même, à son hôtel. En allemand, anglais, français, espagnol et italien, langues qu'il manie parfaitement, Rominger répète inlassablement la nature de ses maux, ses espoirs de maillot jaune qu'il caressait depuis de longs mois et cruellement déçus. «Je souhaitais me refaire une santé avant les Alpes, soupire-t-il. J'ai passé des examens sanguins et j'espérais que le résultat des analyses nous permettrait de déterminer un traitement efficace. Mais je souffrais tellement sur le vélo que je n'ai pas eu le temps de me soigner. Dès que ça accélérait un peu, j'étais largué. De toute ma carrière, je n'avais jamais connu une situation aussi pénible. Pendant deux jours, j'ai puisé dans mes réserves et je n'en pouvais plus. Il était inutile d'insister. »

Son directeur sportif Juan Fernandez tente de le réconforter.

Trois coureurs, parmi lesquels Gianni Bugno — en ce qui le concerne, c'est psychologique —, ne repartent pas de Castres. Quinze autres posent le pied à terre pendant l'étape. Et après l'arrivée à Montpellier, le champion du monde Lance Armstrong annonce son retrait. Du rarement vu, surtout à une époque

A bout de forces, le Suisse abandonne.

où les coureurs sont mieux préparés sur le plan physique que dans le passé.

« Des coureurs à la hauteur des toubibs après 5 km de course seulement, ça, je ne l'avais jamais vu ! », s'étonne Stephen Roche, le consultant du journal *Aujourd'hui*. « Que les gars souffrent de la chaleur, c'est une chose, mais ça n'explique pas tout. Quand j'étais sur le vélo, j'attaquais la saison avec moins de 2 000 km dans les jambes. Eux, ils en emmagasinent près de 7 000. Il n'y a plus de vraies vacances. Maintenant, on emporte sa bécane avec soi et l'organisme est sans arrêt sous pression. Pour arracher leur place dans le Tour, les coureurs fournissent de gros efforts. Il y a le stress, la hantise de rater la sélection. Il leur faut toujours être sur la brèche. Dans les têtes, c'est pareil : pas de repos. Et maintenant, voici le Ventoux, le pire de tous les cols. J'en suis à me demander si le peloton va finir à 100 à Paris... »

Autre diagnostic. « Ils connaissent des troubles digestifs qui résultent d'une fatigue générale et de la grosse chaleur », explique le docteur Porte, médecin-chef du Tour de France. « Ils boivent beaucoup d'eau froide, que les directeurs sportifs sortent de leurs glacières. Ça se traduit par des nausées, des vomissements et surtout des diarrhées. Au bout d'une douzaine de jours de course et le passage des Pyrénées, les organismes coincent et une fragilité digestive apparaît. »

Les coureurs ne sont pas seulement éreintés. Mais en colère, aussi. Ils critiquent notamment la longueur des étapes — quatorze supérieures à 200 km. « Rajouter de la distance ne sert à rien, s'insurge Gérard Rué, équipier de Miguel Indurain. Les étapes ne sont pas plus intéressantes pour autant. Quand on pense plus à l'intérêt commercial qu'à celui du sport, ce sont les coureurs qui en pâtissent. »

Ces derniers ont roulé à des vitesses extraordinairement élevées dans la plaine à l'aide d'énormes braquets et ils ont abordé les Pyrénées avec un réservoir énergétique qui commençait à se vider dangereusement. La canicule a aspiré leurs dernières forces ce week-end. Une chaleur étouffante vers Albi,

Bruno Thibout se porte au secours de Jacky Durand, au bord de l'abandon.

qu'ils retrouvent le lendemain sur les routes tourmentées du Languedoc, où les dégâts sont considérables. Jamais, depuis le départ du Tour, Georges Laborie, le commissaire du camion balai, n'a eu autant de travail. Dimanche, il a dénombré 15 passagers. Une hécatombe digne d'une étape de montagne, à ceci près qu'il n'y avait pas de cols à franchir. Une vraie colonie de vacances où l'on parlait français, italien, flamand, espagnol, allemand et russe. Pour le champion de France Jacky Durand, son copain Laurent Madouas et leurs compagnons d'infortune, c'est la fin des souffrances. Pour les autres, le ticket retour vers Paris a un prix extrêmement élevé. « Le Tour est inhumain, et c'est pour cela qu'il est grand, déclarait avant le départ Cyrille Guimard dans *Vélo Magazine*. Il doit le rester, car, s'il ressemble à une partie de pêche ou de pétanque, il n'aura plus aucune valeur. »

« Le Tour est une épreuve, pas une grande randonnée », rappelle Jean-Marie Leblanc, son directeur. Trois jours plus tard, ce dernier légitime la décision du pouvoir sportif de repêcher 68 coureurs parvenus hors délais à Val-Thorens. « Il était inconcevable qu'un

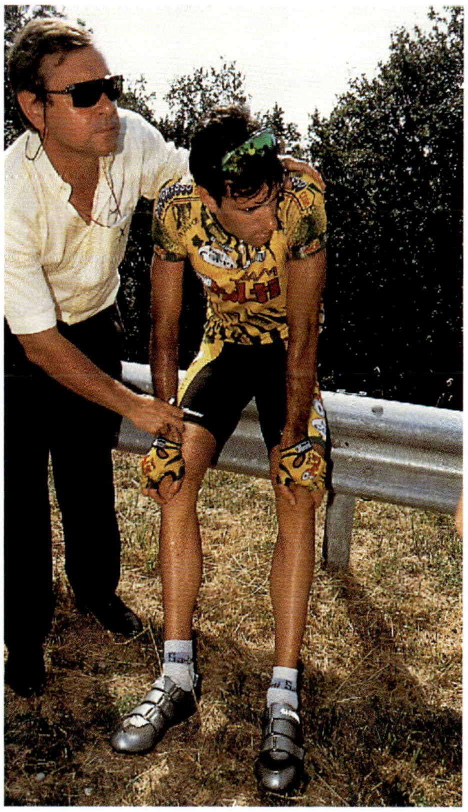

Mario Scirea : ça ne veut plus tourner.

tiers seulement du peloton pénètre sur les Champs-Élysées », soutient Leblanc. Au total, ils seront 117 à rallier Paris, l'esprit léger et les jambes lourdes...

La rougeole du grimpeur pour Virenque.

Bjarn Riis : le Danois aime la chaleur.

Heppner,
champion d'Allemagne à terre.

Sörensen devant Stephens à Montpellier, c'est le Danemark qui gagne encore.

Leblanc, De Las Cuevas, Virenque, Lino: c'est la France du vélo et de l'audace.

Pascal Lino, courbé dans le Ventoux, ne pliera pas.

Sur la pente du «géant de Provence», Richard tutoie Miguel.

Chiappucci n'est plus là,
mais Pantani arrive!

La légende est solidement accrochée au paysage lunaire du mont Ventoux, haut lieu du sport cycliste que le peloton du Tour de France n'avait pas affronté depuis 1987. Sept ans après l'exploit de Jean-François Bernard contre la montre, l'Italien Eros Poli hisse ses 85 kg jusqu'au sommet et l'emporte à Carpentras.

Miguel Indurain dérape dans la descente du Ventoux…

… et rétablit la situation à quelques centimètres du ravin !

LE JOUR OU INDURAIN A FAILLI TOUT PERDRE…

Puisque ses adversaires, d'une manière chronique, ne parviennent pas à déboulonner Miguel Indurain de son piédestal, le destin faillit se charger de le faire tomber de vélo dans la descente du Ventoux, dans l'après-midi brûlant du 18 juillet. Au prix d'une longue échappée et d'un grand courage, l'Italien Eros Poli est parvenu à hisser sa grande carcasse de 1,94 m et ses 85 kg au sommet du mont Chauve et a remporté, en solitaire, l'étape se terminant à Carpentras.

« Chute, chute ! » annonce prématurément Radio Tour.

Dans un grand numéro d'acrobatie, Miguel Indurain réussit à retrouver l'équilibre à 80 km/h ! « Dans un virage à droite, ma roue arrière a dérapé sur des gravillons, à un endroit où le goudron fondait, explique-t-il. Sous l'effet de la chaleur, les patins de freins étaient collés. Dès que j'ai senti que j'étais déporté sur la gauche, j'ai libéré mon pied droit de la pédale. Tout est allé très vite. Mais je n'ai pas eu peur. Avec mon pied, j'ai frotté le bitume pour me ralentir. » Indurain laissa le ravin à quelques centimètres de lui. Ce jour-là, le Maillot jaune avait frôlé la catastrophe.

Appelez-le « Héros » Poli !

Marco Pantani prend tous les risques dans la descente d'un col alpestre pour n'avoir personne sur le porte-bagages...

« VAI PANTANI, C'È LA GLORIA ! »

Là-haut dans le brouillard et par 8 °C, la montagne de Val-Thorens accouche d'un sourire, celui, timide, de Nelson « Cacaïto » Rodriguez, la puce colombienne (1,61 m, 51 kg) qui a surpris le Russe – assimilé Letton – Piotr Ugrumov et signé la septième victoire d'étape colombienne de l'histoire du Tour.

Mais le héros du jour est italien, il se nomme Marco Pantani et est âgé de 24 ans. Certains spécialistes parmi les plus reconnus assurent qu'ils n'ont jamais vu un grimpeur doté d'un talent aussi aiguisé, depuis l'Espagnol Jose-Manuel Fuente dans les années 70. L'Italien mènera-t-il la vie dure, dans l'avenir, à Indurain, comme le fit jadis Fuente avec Merckx ? Voici un premier élément de réponse : Pantani a abordé les Pyrénées avec près d'un quart d'heure de retard – 14' 47" très exactement – sur le Maillot jaune. Au soir de l'étape de Val-Thorens, il n'est plus qu'à 8' 11" de l'Espagnol...

Le futur roi de la montagne, c'est bien lui. Et il le démontre durant cette folle journée du mercredi 20 juillet entre Bourg-d'Oisans et Val-Thorens, où il se montre digne de celui auquel il voue une admiration sans bornes : Claudio Chiappucci, son professeur, son ami, sa passion. « Il diablo » n'est plus là depuis une semaine. Son organisme a été vaincu par une gastro-entérite à l'entrée des Pyrénées. Pantani est devenu, par la force de la nature et la sienne, le leader de l'équipe Carrera. Troisième à Hautacam, 2e à Luz-Ardiden, sa classe continue à éclabousser ses adversaires dans les Alpes, sans que le petit grimpeur de l'Émilie-Romagne puisse, malheureusement pour lui, en toucher les dividendes : la victoire d'étape le fuit désespérément, et Richard Virenque a accumulé suffisamment de points pour lui interdire de briguer le maillot à pois rouges. Pantani rappelle étrangement le Chiappucci d'antan, ce fier inconnu qui inquiéta Greg LeMond jusqu'à la veille de l'arrivée à Paris. Il fait fi de la stratégie, attaque souvent à contretemps, mais avec quel panache ! « Je suis encore moins calculateur que Claudio », se plaît-il à dire, ravi de l'effet que produisent ces quelques mots chez ses interlocuteurs. Dans le Tour, les situations compromises sont souvent

Pantani victime d'un choc... psychologique.

les plus belles pour ceux qui, naturellement, parviennent à les retourner à leur avantage. Sans le vouloir, Pantani devient le personnage principal d'une scène de la commedia dell'arte sur deux roues et dans le décor extraordinaire des grands cols des Alpes. L'Italie en chiale, et ses larmes ne sont pas exclusives, car le jeune homme a conquis aussi le public français, même s'il est à la lutte avec Luc Leblanc et Richard Virenque pour une place sur le podium. Dans la première partie du col du Glandon, après seulement 25 km de course, l'ascension est entrecoupée d'une courte mais raide descente. C'est là, dans un virage, qu'Alberto Elli serre involontairement Pantani, lequel se couche sur la pierraille, à gauche de la chaussée.

Il se relève péniblement, son corps reste longtemps courbé, comme si toute la misère du monde s'était abattue, sans prévenir, sur lui. Deux millions de téléspectateurs italiens retiennent leur souffle. Celui de Pantani est coupé. Derrière ces lunettes noires qui interdisent aux coureurs de livrer tous leurs sentiments au public se dissimule une immense détresse. En une poignée de secondes, Pantani croit que tout est fini pour lui. Dans sa tête, de mauvaises idées se bousculent. Il ne sait à laquelle obéir. «J'ai cru que j'avais une fracture, expliqua-t-il calmement après l'arrivée. Mon genou gauche gonflait à vue d'œil, il était comme un melon. J'ai pensé à abandonner.»

Le premier diagnostic de Gérard Porte, le médecin-chef du Tour, est pourtant rassurant: «La lésion n'est pas grave, assure-t-il après avoir prodigué les premiers soins au coureur. Il est surtout victime d'un choc psychologique.» Puis il constate qu'un hématome s'est

Son genou gauche est abîmé, mais l'Italien est déchaîné. Richard Virenque offre une belle résistance à Marco Pantani.

formé près de la rotule, sur le muscle vaste interne : « Je n'ai pas cessé de lui mettre et de lui remettre de l'anti-inflammatoire et du froid en spray. »

Chaque mètre repris sur le peloton représente un effort, malgré le soutien de la garde blanche de la Carrera, celle des Rossi, Mantovan, Chiesa et Zberg, qui avait accompagné Chiappucci dans son chemin de croix vers Hautacam. Pantani est tellement obsédé par sa blessure qu'il semble en avoir oublié la course. Davide Boifava, son directeur sportif, jette alors sa dernière carte, il fait jouer la fibre affective : « Continue Marco ! Fais-le pour Claudio ! »

Et le miracle se produit. Pantani atteint le sommet avec 1' de retard et il retrouve sa place près de Miguel Indurain dans la longue descente du col. Après le Glandon se présente la Madeleine. Vingt kilomètres d'ascension pour retourner à près de 2 000 m d'altitude. Pantani n'est pas à l'abri d'un contrecoup, pense-t-on. C'est l'inverse. L'Italien retrouve toute sa tête et perd de vue son genou. Il accélère dans la Madeleine. Puis c'est la montée finale vers Val-Thorens, le « toit » du Tour 1994 qui culmine à 2 275 m. A 6 km du sommet, Luc Leblanc démarre, mais il présume de ses forces du jour. Un coureur le rappelle à l'ordre. C'est Pantani. Le Français renonce à le suivre, et le nouveau chef des Carrera s'en va lui chiper, pour 27", la troisième place au classement général !

« J'avais mal, mais je voulais gagner l'étape. Je suis sûrement parti un peu trop tard derrière Rodriguez et Ugrumov. Après tout, je n'avais plus rien à perdre », dira-t-il.

Le vieux Gino Bartali fouille alors dans sa mémoire. « L'aventure de Pantani me rappelle celle que j'ai vécue dans le Tour 1952 sur la route de Toulouse. A la suite d'une chute, je voulais abandonner. Le propre médecin de Fausto Coppi m'avait dit : "Non fermati" (Ne t'arrête pas), et me força à remonter sur le vélo. J'avais terminé 4e du Tour cette année-là. » « Vai Pantani, c'è la gloria ! » crient les tifosi, qui n'oublieront jamais cette « giornata memorabile » où est né un immense grimpeur.

Troisième à Val-Thorens, Pantani est également troisième du classement général.

Luc Leblanc, au coude à coude avec Miguel Indurain.

Piotr Ugrumov s'envole dans le col de La Croix-Fry et remporte l'étape à Cluses. Le lendemain, il survole le «chrono». Aérien!

ALPES-LA! UGRUMOV EST LA!

Piotr Ugrumov est en fin de compte un pur produit de l'armée Rouge, la fleur au fusil puisqu'il se contenta de faire du vélo. Il est né le 21 janvier 1961 à Riga, d'un père russe et d'une mère lettonne, et découvre le sport cycliste à 14 ans, grâce au directeur sportif du club de l'usine d'électromécanique où travaillait sa maman. En 1978, il est admis dans la section cyclisme de l'armée Rouge. Six ans plus tard, il remporte le Tour d'Italie des amateurs, puis il s'installe à Leningrad (aujourd'hui redevenue Saint-Pétersbourg) pour fréquenter l'Institut supérieur d'éducation physique. Il le quitte avec le grade de lieutenant...

C'est un personnage bien étrange, ce Piotr Ugrumov, qui garde sa part de mystère, à l'image de la plupart des coureurs ayant passé toute leur jeunesse sous le maillot rouge estampillé CCCP. Le Russe — assimilé Letton — s'est cependant très bien acclimaté à l'Italie. Au point d'envisager d'opter prochainement pour la nationalité de son pays d'accueil, où il est arrivé en 1989 dans les valises de l'Alfa Lum, la première équipe professionnelle soviétique. Piotr Ugrumov se définit comme un homme réservé, s'appuyant sur la signification de son nom en russe, qui est «sérieux».

Il y tient tellement que Vladislav Bobrik, son jeune camarade de chambre, raconte qu'il l'a surpris un soir alors qu'il s'amusait avec des jeux vidéo, et que Piotr s'est un peu vexé...

Un autre coureur, au sang chaud cette fois, serait sans doute devenu fou de rage s'il avait connu la désillusion d'Ugrumov au sommet de Val-Thorens dans l'après-midi du 20 juillet. Il est le dindon de la farce du petit Colombien, Nelson Rodriguez, resté obstinément collé à sa roue pendant l'essentiel de la montée. Ugrumov est amer, mais pas abattu. Le matin, il pointait à la 9e place du classement général. Il a maintenant gagné trois places et ne compte pas s'arrêter en si bon chemin, d'ici à Paris. En trois étapes, dans les Alpes, ce petit homme aux genoux cagneux et au crâne déplumé qui pédale dans une position du corps ramassée réalise des prouesses.

Ce qui était presque impensable quelques jours plus tôt se produit: il réussit à accrocher le podium. Premier acte, Ugrumov lance une offensive d'envergure dans le col de la Croix-Fry, à une cinquantaine de kilomètres de l'arrivée. Un numéro en solo le conduit jusqu'à Cluses, avec plus de 2' 30" d'avance sur Miguel Indurain et Richard Virenque. Pour l'Espagnol, Ugrumov ne peut cependant être dangereux en aucun cas; le Maillot jaune bénéficie d'une marge de manœuvre sensible. Pour le Français, en revanche, la menace est claire, d'autant que son concurrent pour un accessit affectionne l'exercice du contre-la-montre en côte, dont un exemplaire d'une distance de 47,5 km est imposé aux coureurs vers Morzine-Avoriaz. C'est le deuxième acte. Ils sont quatre à pouvoir espérer entourer le Maillot jaune sur les Champs-Élysées.

Dans l'ordre du classement, Virenque est 2ᵉ à 7' 22", Ugrumov 3ᵉ à 8' 55", Pantani 4ᵉ à 8' 57", Leblanc 5ᵉ à 9' 29". Ce sont les deux Français qui restent au bord de la route, tandis que le Russe inflige à Indurain une sévère, donc très surprenante, défaite au terme du «chrono» arrosé par la pluie. «Je n'étais pas à fond, soutient Miguel. D'un côté, il y avait ceux qui se faisaient la guerre pour le podium, de l'autre moi qui voulais assurer ma première place.» Il ajoute toutefois, avec honnêteté: «Même si je l'avais voulu très fort, je me demande si j'aurais pu seulement l'inquiéter.»

Au classement général final, Ugrumov est le dauphin d'Indurain pour la deuxième fois. Dans le Giro 93, il ne s'était incliné que pour 58". Son passif du Tour 94 est beaucoup plus important: 5' 39". Mais il réveille la douleur, morale cette fois, d'un abcès dentaire qui lui coûté la bagatelle de 11' dans les Pyrénées. Point de miracle, malgré un passage chez le dentiste à Lourdes pendant le jour de repos, qui n'était pas accrédité par Bernadette. Le leader de l'équipe Gewiss se montre toutefois prudent. «Je ne regrette rien, assure-t-il. Si j'avais menacé sérieusement Indurain, il aurait fourni plus d'efforts dans les cols des Alpes et dans le contre-la-montre.»

Il goûte déjà au bonheur d'être, à 33 ans, le premier Russe à monter sur le podium du Tour de France.

Indurain, 3ᵉ à 3'16" d'Ugrumov, à Morzine!

Pantani s'assure une place sur le podium.

Leblanc, 4ᵉ de l'étape et du classement final.

Virenque est allé au bout de lui-même.

Pour Lucho, la souffrance prend fin.

Indurain et Virenque s'amusent à Eurodisney. Près d'eux, Abdoujaparov a réussi l'exploit de ne jamais se séparer de son maillot vert.

A la tienne, Miguel! Pantani et Ugrumov fêtent aussi leur premier podium.

EDDY, SEIGNEUR DES CHAMPS

Pour les beaux yeux de sa douce compagne, il voulait «tenir jusqu'aux Champs», lui qui est blond comme les blés. Eddy Seigneur a fait beaucoup mieux. Il a inscrit son nom sur le pavé de Paris, authentique performance réalisée avant lui par deux Français seulement. D'abord Alain Meslet en 1977. Puis Bernard Hinault, deux ans plus tard, échappé avec Joop Zoetemelk, son dauphin, qu'il mit un point d'honneur à dominer une dernière fois. «Le blaireau», à nouveau, en 1982, au terme d'un sprint massif! Depuis la farce jouée en 1987 par l'Américain Jeff Pierce au peloton duquel il s'était extrait dans le dernier kilomètre, le final des Champs-Élysées était devenu une exclusivité des sprinteurs qui briguent, le jour de l'arrivée du Tour, la plus prestigieuse de toutes les étapes. Djamolidine Abdoujaparov

Rue de Rivoli, Eddy Seigneur emmène le groupe des échappés, devant Arturas Kasputis, le Lituanien de l'équipe Chazal.

en tête. Vainqueur à Armentières, trois semaines plus tôt, où s'était arrêté prématurément le Tour de Laurent Jalabert et de Wilfried Nelissen, le coureur ouzbek avait par la suite consolidé sa première place au classement par points en additionnant les accessits. Il s'était résolu à patienter jusqu'à l'avant-dernière étape s'achevant près des rives du lac Saint-Point, dans le Doubs, pour réaliser le doublé.

«Miguel Indurain a son maillot jaune. Eh bien moi, mon maillot jaune c'est le maillot vert!», s'exclamait-il en résumant ses ambitions. Vert en 1991, toujours vert en 1993, vert très mûr en 1994, Abdou se rapproche de l'irlandais Sean Kelly, qui compte quatre paletots de la couleur de son pays (1982, 1983, 1985, 1989), record absolu.

Mais Abdoujaparov n'avait pas prévu... l'imprévisible: une échappée prenant forme sur les Champs, dans le deuxième des huit tours d'un circuit de 6 500 m, et jamais revue par le paquet. Des 5 coureurs qui tutoient chacun le bonheur, Eddy Seigneur n'est pas le plus rapide au sprint. «Je craignais le Lituanien Arturas Kasputis.» Le Danois Bo Hamburger et le Suisse Jörg Muller n'ont pas les jambes pour attaquer. L'Américain Frankie Andreu, oui. Il démarre à proximité de la flamme rouge, inspiré par l'audace de Pierce, son compatriote. «Je ne me suis pas inquiété, raconte le coureur du GAN. Je me suis dit: "Calme-toi, il est parti de trop loin." Je l'ai laissé "mourir" pour revenir dessus. Et à 300 m, je me suis alors dit: "Eddy, il faut que tu y ailles." Et là, j'ai commencé à réaliser que j'allais peut-être gagner sur les Champs.» Le rêve prend corps tandis que Seigneur martyrise le sien pour passer la ligne promise dans un ultime effort qui raidit son visage. Le spea-

Douze ans après Bernard Hinault!

ker hurle son nom. Perdue dans la foule qui lui cache l'arrivée victorieuse de son fils, la mère d'Eddy l'entend, mais, dans le brouhaha qui règne, elle pense qu'Eddy a été victime d'une chute. Lorsque, enfin, elle apprend son succès, un bonheur majuscule l'envahit. Le jeune homme a souvent répété qu'il doit tout à cette mère restée seule trop tôt. «Il n'y avait qu'une paie à la maison depuis que mon père est décédé. Si j'en suis là, c'est grâce à elle. Et si je suis là, c'est pour elle. Depuis les minimes, elle m'emmène partout. Elle aurait pu me dire: "T'es gentil, Eddy, avec ton vélo", elle aurait pu avoir envie de faire autre chose de ses dimanches. Alors, j'ai toujours pensé qu'il fallait aller au charbon.»

INDURAIN, LE ROI AUX QUATRE COURONNES

Il est joyeux et serein comme le ciel et l'eau lorsqu'il pénètre dans la lumière grise qui éclaire le peloton des 117 rescapés sur la plus belle avenue du monde, le dimanche 24 juillet. Miguel Indurain sent monter en lui l'adrénaline, comme les années précédentes, car même s'il s'agit de son quatrième maillot jaune, l'émotion est trop intense pour que, dans son esprit, il édulcore l'événement. Paris n'a d'yeux que pour lui et lui n'a d'yeux que pour Paris. Des champs céréaliers aux Champs-Élysées, de son village de Villava à l'arc de Triomphe, il a vécu en concorde avec ses racines, son corps et son âme.

Quatre victoires consécutives. Seuls Jacques Anquetil et Eddy Merckx avaient réalisé, avant lui, ce fantastique exploit dans toute l'histoire du Tour, riche de quatre-vingt-une éditions. Un cinquième succès à l'été 1995 et il égalerait ces deux «monstres» du vélo, ainsi que Bernard Hinault, le champion qui le faisait rêver avant qu'il épouse le même statut prestigieux que le Breton. «Je fonctionne au jour le jour, raconte Indurain. Je vais tenter de gagner un cinquième Tour, c'est évident. Mais attention, j'ai 30 ans et les années commencent à compter double. C'est un âge charnière, et l'essentiel de ma carrière est derrière moi. Mais je peux dire que, sur ce Tour, je me suis senti "a tope", au top. Parce que je me connais désormais parfaitement et que je sais où j'en suis, ce qui me manque et jusqu'où ne pas aller trop loin. J'apprécie le mot "équilibre", je crois qu'il me résume assez bien.» Tout ce qui lui arrive aujourd'hui répond à la philosophie des hommes qui gagnent leur pain grâce à la terre. Celui qui travaille dur mérite d'être récompensé, mais il n'est pas seul maître de son destin.

«La récolte dépend du temps, du soleil et de la pluie en suffisance, rappelle Miguel, en bon fils d'agriculteurs[1]. On n'a pas de prise sur ces événements et il faut donc les accepter. C'est pourquoi je reste calme en toute circonstance. L'agressivité ne me rendra pas meilleur coureur.»

Eddy Merckx était «le cannibale», Bernard Hinault «le blaireau» et Miguel Indurain est parfois «Miguelon». Le gentil Miguelon qui ne hausse jamais le ton, respecte chacun de ses adversaires et ne prend pas ses équipiers pour des larbins. «La manière de courir est un peu le reflet de la personnalité, de ce que l'on est dans la vie.»

En 1993, dans le Giro, un fantaisiste italien, appointé par une station de radio, avait proposé à ses auditeurs une sorte de jeu qui s'intitulait: «Indurain peut-il se fâcher?» Le premier jour, avant le départ de l'étape, il avait dégonflé un pneu de son vélo. Le deuxième jour, deux pneus. Le troisième jour, Indurain s'était emparé de l'antenne émettrice du farceur et l'avait brisée avant de lui dire froidement: «Voilà ce qui arrive quand on joue avec les outils de travail des gens.»

L'humour et la parole lui font peut-être défaut. «Il manie la langue de plomb avec l'aisance d'un ex-dictateur nord-coréen, s'amuse Hervé Mathurin dans *Sud-Ouest*. On ne lui en veut pas: il est si beau dans l'effort!»

Mais l'éducation qu'il a reçue lui apporte un équilibre au quotidien et pour la vie. Les signes extérieurs de sa richesse intérieure, Daniel Mangeas, le speaker du Tour, les perçoit dans le simple «bonjour» que le champion espagnol lui adresse chaque matin au moment de coucher son nom sur la feuille de départ. «Il y a des coureurs qui ne vous regardent même pas», dit Mangeas.

Chrystelle Rué, l'épouse de Gérard, équipier modèle de Miguel, avait ainsi fait table à part un soir à l'hôtel, car «ça ne se fait pas, pensait-elle, de dîner avec les coureurs». Voyant cela, Miguel s'était aussitôt levé et était allé la chercher.

Lorsque, en 1991, son ex-équipier Dominique Arnaud s'était investi dans l'organisation d'un critérium à Tarnos, dans les Landes, Indurain y avait participé sans réclamer la moindre contrepartie. Précision: la valeur marchande du maillot jaune est estimée entre 70 000 et 80 000 F pour chaque épreuve d'après-Tour.

«Je suis né champion, mais je n'ai pas été élevé comme un champion.» L'Espagnol garde les pieds sur terre en toute circonstance. Même lorsqu'on lui offre une heure à passer plus près du ciel, d'où sa rencontre avec le pape: «La religion tient une place importante dans ma vie.» Même quand il obtient le prix des Asturies dans sa catégorie, la plus haute distinction à laquelle puisse rêver un sportif espagnol: «J'étais très impressionné de me retrouver auprès de Nelson Mandela et de Liz Taylor, qui l'avaient reçu également.»

Miguel Indurain accède aux plus grands honneurs mais ne refuse pas les plus petits, comme celui d'être nommé Compagnon du piment, dans la même promotion que son ami Serge Blanco. Il peut, au lendemain de sa visite au Vatican, partir à la rencontre des 50 gamins du village basque de Larressore – celui de Francis Lafargue, le «relations publiques» de l'équipe Banesto –, qui l'attendent pour le moins impatiemment.

Un jour d'hiver, avant que la gloire accepte de faire un bon bout de chemin en sa compagnie, le Navarrais avait traversé les Pyrénées à l'invitation des associations sportives d'Anglet. Il était arrivé avec un important retard parce qu'il avait dû franchir au volant de sa voiture le col de Veleate, qui était enneigé. Il aurait pu faire demi-tour, mais Miguel n'aime pas décevoir.

Sur ce plan-là, il réalise l'unanimité. Parmi les vainqueurs du Tour depuis dix ans, Bernard Hinault et Laurent Fignon n'avaient pas la réputation d'être faciles à vivre, tandis que Greg LeMond et Stephen Roche dissimulaient derrière une gentillesse naturelle un certain égoïsme, sans lequel, soulignaient-ils, on ne devient pas champion. Indurain préfère la discrétion. Il semble être pratiquement en permanence dans sa bulle…

Vainqueur de son premier Tour de France en 1991, à sa sixième participation, il a pris son temps avant d'éclater, selon le vœu d'Eusebio Unzue, l'homme qui le découvrit à la sortie de l'adolescence et qui lui répétait souvent: «Il ne faut pas vouloir courir avant de marcher.» Miguel l'écoutait avec attention. Il jure aujourd'hui: «Jamais de la vie, quand j'ai débarqué sur le Tour en 1985 pour seulement y franchir les Pyrénées et abandonner ensuite, je n'aurais pensé que j'en serais là aujourd'hui.» Sage aussi, Jose-Miguel Echavarri, navarrais comme Indurain, l'architecte de sa carrière, le technicien qui façonna Miguel dans le souvenir de Jacques Anquetil. Echavarri, ex-équipier chez Bic et fidèle admirateur du Normand, confiait un jour: «Miguel est ma passion. Je suis fier de l'avoir conduit sur les traces d'Anquetil. Le reste ne m'appartient pas, mais je serais fier, aussi, qu'il dégage les mêmes qualités humaines que celui que j'ai côtoyé dans le peloton.»

ENTRE ANQUETIL ET BOBET…

5 VICTOIRES
- Jacques Anquetil (Fra): 1957, 1961, 1962, 1963, 1964.
- Eddy Merckx (Bel): 1969, 1970, 1971, 1972, 1974.
- Bernard Hinault (Fra): 1978, 1979, 1981, 1982, 1985.

4 VICTOIRES
- Miguel Indurain (Esp): 1991, 1992, 1993, 1994.

3 VICTOIRES
- Philippe Thys (Bel): 1913, 1914, 1920.
- Louison Bobet (Fra): 1953, 1954, 1955.
- Greg LeMond (É. -U.): 1986, 1989, 1990.

(1) Dans *Princes du vélo*, de notre confrère belge Noël Truyers.

Miguel Indurain savoure son quatrième triomphe en jaune.

Cinquième du Tour, Richard Virenque est un coureur au grand cœur; témoin son geste généreux envers le Rwanda.

RICHARD CŒUR DE LION

Au sommet de la côte d'Avoriaz, il est épuisé, ferme les yeux, ouvre la bouche, réclame de l'eau, demande qu'on le laisse en paix. La souffrance a été trop pénible à supporter pour que la déception l'efface d'un coup. L'amertume, la tristesse, ce sont d'autres moments pénibles qui arrivent, en galopant, juste après...

Richard Virenque les prend de plein fouet et chiale comme un gosse auquel on a cassé son beau jouet. Il s'était déjà vu consacrer dauphin de Miguel Indurain, il le côtoiera toutefois à l'heure de la remise des prix sur les Champs-Élysées, par la grâce de son maillot de meilleur grimpeur. «J'avais énormément de pression sur les épaules et je sentais que cet effort en côte était trop long pour moi, mais j'espérais tant...», se force-t-il à dire. Le verdict est cruel et sans appel: 18e du contre-la-montre à 6' 04" du vainqueur Piotr Ugrumov. Son compère de l'équipe Festina, Luc Leblanc, a fait mieux, beaucoup mieux, en terminant 4e de l'étape. Mais les deux Français ne montent pas sur le podium du Tour: 7" séparent «Lucho», 4e, de «Ricardo», 5e, placés derrière le trio de tête Indurain-Ugrumov-Pantani.

Selon la formule consacrée, ils auraient signé au départ de Lille si on leur avait «proposé» ces places-là assorties d'une victoire chacun dans les Pyrénées, et du maillot à pois pour Virenque. Trois semaines plus tôt, les regards se tournaient presque exclusivement dans la direction d'Armand De Las Cuevas. Le Bordelais connaissait une alerte dans les Pyrénées et, affaibli par une bronchite tenace, il finissait par sombrer dans les Alpes, renonçant à repartir, le lendemain matin, de l'étape de Val-Thorens.

Au classement de la popularité, Virenque vaut largement le podium. Son panache, son courage, sa gouaille et son visage de junior plaisent. Lui, il applaudit l'attitude du public, et il aime l'entendre frapper dans ses mains. «Quand les gens crient mon nom, j'ai les poils qui se dressent et je monte plus vite les cols», dit-il. Durant trois semaines, les facteurs du Tour ont glissé 613 lettres d'admirateurs dans la musette de l'intrépide grimpeur varois. Le nombre d'adhésions à son club de fans connaît un bond fulgurant. Le Supporter Club Richard Virenque a été créé au début de la saison: le président en est Lionel, le frère de Richard, la trésorière sa fiancée Stépanie, et les présidents d'honneur son père et sa mère...

Son père, Richard en parle comme d'un maçon qui s'est saigné aux quatre veines pour offrir un vélo à ses deux gamins. La suite lui appartient. Sur le circuit japonais d'Utsunomya, à la fin de l'été 1990, le temps est chaud et humide. Virenque a compris qu'il ne sera pas champion du monde amateurs. «J'avais les jambes en coton. J'ai tout fait au moral, en sachant que je ne reviendrais pas sur la tête. Mais je savais aussi que ma place chez les pros dépendait de ma fin de course.» Elle est fulgurante, seulement récompensée par la 8e place, performance qui n'échappe cependant pas à Marc Braillon, le PDG de RMO, placé sur le bord de la route, qui lance à Bernard Vallet, le directeur sportif de son équipe: «Ce jeune, je le veux.» Richard réalise son rêve de toujours: rouler dans la cour des grands. «C'est le vélo à fond, je ne respire que pour ça», jure-t-il. Son ambition est débordante et provoque parfois des maladresses verbales chez le jeune homme. Du genre: «Pourvu qu'aucune échappée comprenant un de mes équipiers ne se fasse avant le début de l'ascension du mont Faron! Je suis chez moi et j'ai bien l'intention de me montrer.»

Égoïste, Virenque? Plutôt avide de réussite, car, en cas d'échec, il n'aura plus qu'à ressortir son diplôme de CAP de plombier-chauffagiste pour trouver du travail. En avril 1992, à la veille de Liège-Bastogne-Liège, il nous fait part de ses craintes: «Je n'ai pas envie de quitter ce milieu, mais si je n'obtiens pas de résultats, me gardera-t-on à la fin de l'année? J'ai consenti beaucoup de sacrifices pour en arriver là. J'habite dans une région de fête et de soleil. Pendant que mes copains sortaient en boîte de nuit, je ne pensais qu'à la course ou à l'entraînement du lendemain.»

Leblanc et Virenque, absents sur le podium, entourent Indurain. Pour la postérité...

Deux mois et demi passent, Richard Virenque est sélectionné in extremis au départ du Tour 1991 par Bruno Roussel, le nouveau directeur sportif de l'équipe RMO, qui l'a finalement préféré à Jean-Philippe Dojwa. Entre San Sebastian et Pau, dans le cours de la deuxième étape, il se lance dans une échappée de 235 km, en compagnie de Javier Murguialday. L'Espagnol s'impose à Virenque, mais ce dernier s'en fiche pas mal. «J'ai le maillot! J'ai le maillot!», hurle-t-il. Il reste en jaune l'espace d'une journée seulement, cède malgré lui la précieuse étoffe à son copain Pascal Lino, mais sauve son avenir. «J'avais 22 ans, j'étais jeune, et la gloire m'est tombée dessus trop vite. Je ne connaissais pas la valeur des choses», dira-t-il plus tard. Sa vie a déjà changé, sa fougue est restée la même. Un an plus tard, il porte les couleurs de l'équipe Festina, se met une partie du peloton à dos parce qu'il s'en extrait à 50 km de l'arrivée à Marseille. «Ce n'est pas en restant dans les roues que je pourrai progresser, alors j'attaque!», réplique-t-il.

Il n'a pas été retenu en 1991, à Benidorm, et craint d'être évincé de la sélection tricolore pour les championnats du monde d'Oslo. Il balance sèchement: «Je suis prêt à devenir andorran ou monégasque.» Ces paroles dépassent sa pensée, et puis il est finalement du voyage norvégien. Les «anciens» restent sur leurs gardes. Virenque réalise une course audessus de tout soupçon, il joue la carte de l'équipe de France et se débarrasse de l'étiquette d'individualiste qui lui a été collée. Richard arrache définitivement le respect de ses pairs, le 15 juillet 1994, en gagnant comme un grand au sommet de Luz-Ardiden, et prend de la hauteur lorsqu'il annonce, à l'arrivée à Paris, sa décision de céder ses gains du Tour — soit 250000 F — à Médecins sans frontières, en faveur des victimes de la guerre au Rwanda, dont la tragédie l'a bouleversé. Quelques jours plus tard, son maillot à pois rouges et son vélo, vendus aux enchères, rapportent 300000 F supplémentaires. Il prouve qu'il a un cœur si large, Richard, qu'on peut y entrer sans frapper...

Armand De Las Cuevas fonce vers sa plus belle victoire 1994 et gomme son abandon dans le Tour.

Armand gagne chez Miguel !

Pauvre Armand ! Il a la mine déconfite et les yeux boursouflés lorsqu'il quitte la salle de restaurant de son hôtel à Val-Thorens. Le coureur bordelais a pris son dernier petit déjeuner du Tour ; il refuse de repartir, car, même dans la plus grande course du monde, on ne peut pas à la fois lutter contre une bronchite tenace et effectuer d'énormes efforts. Après quelques jours de repos chez lui, De Las Cuevas efface peu à peu sa déception à mesure qu'il récupère des forces. « Je n'ai pas bougé pendant vingt-quatre heures pour me soigner aux antibiotiques, rapporte-t-il. J'ai repris le vélo en roulant pendant deux heures, mais j'avais les jambes en coton. Puis j'ai ajouté une heure supplémentaire chaque jour… »

Ovationné par le public basque.

Il effectue sa rentrée au Tour de Burgos, le 30 juillet, et se surprend lui-même en gagnant deux étapes, plus le classement général. Il rejoint aussitôt San Sebastian, où se déroule la « clasica », célèbre en Euskadi, au Pays basque espagnol, qui attire une foule immense et passionnée. Au pays de ses racines et de Miguel Indurain, le Français veut frapper un grand coup dans cette épreuve comptant pour la Coupe du monde, la première depuis l'Amstel Gold Race, disputée fin avril. Deux bonnes raisons à cela : un compte à régler avec ceux qui lui ont reproché sa bronchite « psychologique » ; une performance le rassurerait sur sa condition physique dans la perspective du championnat du monde.

Quarante-six kilomètres dans la première heure ! La course est lancée sur des bases très élevées, malgré la dureté du parcours, et demeure animée jusqu'au bout. En partant dans le premier lacet du col de Jaizkibel, à 40 km de l'arrivée, Armand espère nouer le scénario à son avantage, mais la route est encore longue. Avec une montée dont il ne voit pas la fin, la descente et, pour retrouver la Concha, la baie de San Sebastian, que le peloton a quittée dans la matinée, l'effort total digne d'un contre-la-montre individuel qu'il doit produire. « Je suis parti à fond dans le Jaizkibel, mais j'ignorais ce qui se passait derrière moi, raconta-t-il. Avec une minute d'avance au sommet, je n'avais pas de problèmes dans la descente, mais j'appréhendais les 25 derniers kilomètres, car j'allais me retrouver seul face au vent. »

De Las Cuevas voit juste, mais il roule tellement fort ! Du groupe des 17 coureurs d'où il se dégage dans le dernier col, seuls l'Italien Stefano Della Santa, puis le champion du monde, l'Américain Lance Armstrong, gardent suffisamment d'énergie pour assurer la poursuite derrière le Français. Avant de capituler. « Que voulez-vous, il était intouchable », concède Armstrong, 2ᵉ à 1'6" du coureur de Castorama.

Basque de Bilbao par le sang, De Las Cuevas est aussitôt adopté par le public, qui se réjouit de sa victoire. Pour la quérir, le lauréat a tout donné, et même plus. Lorsqu'il quitte le podium, où il a reçu un trophée trop grand pour lui, Armand ressemble à un vieillard. Ses jambes sont dures comme du bois, son corps est raide, alors il descend les trois dernières marches sur les fesses. Andreï Tchmil s'approche de lui, à la fois admiratif et reconnaissant : « Merci Armand, tu sauves ma première place au classement de la Coupe du monde. »

Mais Tchmil, résolu à disputer le Mondial sous le maillot de l'Ukraine – le pays de sa femme –, bénéficie seulement d'un sursis. Une semaine après la clásica de San Sebastian, Gianluca Bortolami remporte la Leeds International Classic, septième étape de la Coupe du monde, aux dépens du Russe Viatcheslav Ekimov. Le jeune Italien récidive au championnat de Zurich. Ses nouvelles victimes se nomment Museeuw et Fondriest.

Le classement général de la Coupe du monde désigne désormais Museeuw à la première place, avec 125 points. Bortolami est à neuf points du Belge, et Tchmil à dix longueurs. Rien n'est joué…

L'Allemand Jens Heppner remporte le Tour du Limousin.

Jacky Durand s'offre deux étapes en Limousin.

Sur la piste du vélodrome de Zurich, Gianluca Bortolami surprend Johan Museeuw. Une semaine après la course de Leeds, l'Italien s'adjuge une nouvelle épreuve de Coupe du monde.

BUGNO, C'EST LA FIN!

A la Coppa Agostoni, le 17 août, Gianni Bugno, 30 ans, ignore qu'il participe à la dernière course de sa carrière. La nouvelle est officialisée neuf jours plus tard: l'Italien a fait l'objet d'un contrôle positif. On a retrouvé dans ses urines la présence de 16,8 µg de caféine par millilitre (la tolérance est de 12 µg).

Le 2 septembre, la contre-expertise confirme la première analyse. Gianni Bugno est sanctionné d'une suspension de deux ans.

Depuis ses débuts professionnels en 1985 dans l'équipe Atala, le Lombard a remporté une cinquantaine de courses, parmi lesquelles deux titres de champion du monde (1991 et 1992), le Tour d'Italie, Milan-San Remo, le classement final de la Coupe du monde (1990) et le Tour des Flandres (1994), son dernier grand succès. Bugno est monté à deux reprises sur le podium du Tour de France: 2e en 1991 et 3e en 1992. Il y a également décroché quatre étapes, dont deux au sommet de L'Alpe-d'Huez.

Il avait abandonné dans son dernier Tour de France car il était saturé de vélo; il voulait cependant préparer avec soin le championnat du monde. Quelle triste fin de carrière...

Une époque formidable

Deuxième titre à 20 ans!

CARNETS DE PISTE

Lundi 15 AOÛT

ROUSSEAU, UN GAMIN EN OR

Le vélodrome Paolo-Borsellino – du nom du juge assassiné par la mafia en juillet 1992 –, où débutent les championnats du monde (avec l'épreuve du kilomètre), déroule sa piste en ciment longue de 400 m dans un quartier du peuple composé d'ouvriers, d'artisans à la petite semaine et de commerçants qui vendent des melons gros comme des citrouilles. Rejeté de Palerme, il est adossé aux collines arides qui surplombent la première ville de la Sicile, tristement célèbre pour son taux élevé de morts violentes. Sous un soleil de feu, de jeunes soldats sont en armes, le visage trahissant une grande tension, plantés sur le trottoir. Certains sont dissimulés dans des guérites anti-balles et observent le manège des coureurs australiens et français rejoignant leur hôtel dans la station balnéaire de Mondello. « On regrette Argenteuil ! », lancent les poursuiteurs banlieusards Jean-Michel Monin et Serge Barbara en échappant à l'anarchie de la circulation doublée d'un concert de klaxons et de crissement de pneus. Le vélodrome est à quelques minutes et Florian Rousseau le rejoint, à vélo, avec une extrême prudence. « L'autre jour, un scooter s'est couché 10 m devant moi », raconte-t-il en éprouvant une peur rétroactive.

Surtout ne pas ruiner, dans un moment d'inattention, de longs mois de travail passés à tourner sur la piste de l'INSEP et à soulever des tonnes de fonte. Il n'a que 20 ans, Florian Rousseau, et pourtant il défend, tard dans la soirée – pour éviter les grosses chaleurs –, son titre de champion du monde du kilomètre acquis en 1993 à Hamar, en Norvège. « Même si je le portais parfois à l'entraînement, je n'ai pas eu l'impression d'avoir assez profité de mon maillot arc-en-ciel », souligne le jeune homme de Patay, près d'Orléans. « C'est un formidable compétiteur, il ignore la peur », dit de lui, admiratif, son entraîneur à l'INSEP, Gérard Quintyn. « Ce n'est pas l'enjeu qui me fait peur, mais l'effort, précise Rousseau. Le kilomètre, je ne le couvre jamais à l'entraînement, car c'est trop difficile de se motiver pour une épreuve aussi éprouvante. »

Les 250 derniers mètres sont souvent atroces pour les jambes qui brûlent à grand feu. La victoire ne tient qu'à un dixième de seconde, parfois moins. Qui peut influer sur le cours d'une carrière. « Il ne faut pas se rater. Ce jour là, je joue mon année. Si je gagne, les organisateurs des vélodromes me font signer des contrats durant tout l'hiver. Sinon, c'est niet ! Et puis, sur le plan uniquement sportif, on parlerait d'un échec si j'obtenais une médaille d'argent ou de bronze. »

Il est 22 h 50 quand un éclair bleu-blanc-rouge jaillit dans la moiteur de la nuit sicilienne. Pour réaliser le doublé, Florian doit aller au bout de lui-même, car l'Américain Erin Hartwell a placé la barre très haut en réussissant le temps de 1' 03" 795. Rousseau est vraiment un gamin en or : 1' 03" 163, indique le tableau lumineux du vélodrome, soit 6 dixièmes de mieux, lorsqu'il coupe la ligne.

Dans le camp français, c'est du délire. Rousseau est sans doute celui qui apprécie le moins son succès, car il souffre de vertiges à sa descente de vélo. « Je suis raide, j'ai l'impression d'avoir un étau dans la tête », se plaint-il. Le tour d'honneur est à la limite du supplice. « Une chaise ! De l'eau ! », réclame-t-on. Le jeune homme pose ses mains sur son front et ferme les yeux. Il les ouvre à nouveau et prononce lentement ces quelques mots : « La joie va l'emporter sur la douleur. » Il retrouve enfin ses esprits et commence à savourer son succès. « Ce titre me fait encore plus plaisir que mon premier. Avant la course, je n'étais pas stressé. Au contraire, j'étais très calme. Je suis parti sur de bonnes bases, j'ai pensé à bien respirer. Aux 600 m, j'ai commencé à avoir mal aux jambes et j'ai effectué les 150 derniers au courage. » Plus tard, Florian apprend qu'il est qualifié d'office pour les championnats du monde 1995 en Colombie. L'Union cycliste internationale a accepté la proposition de la Fédération française d'accorder ce droit au tenant du titre, qui n'a plus à fournir de preuves au niveau national. « Je suis soulagé, reconnaît-il, car il y a tellement de bons spécialistes du kilomètre chez nous qu'il est presque aussi difficile de gagner les championnats de France que les championnats du monde ! »

Mardi 16 AOÛT

FRANCIS CRUCIFIÉ PAR CHRIS

Les préliminaires du tournoi de vitesse valent bien des désagréments à Graeme Obree. L'Écossais réalise le troisième temps, mais un juge a levé le drapeau rouge à deux reprises en signe de disqualification. Le résultat d'Obree est invalidé, car il a roulé en posant sa poitrine sur son guidon, quatrième point d'appui du corps désormais interdit. « Les dirigeants de l'UCI m'accusent de ne pas avoir respecté l'esprit du règlement, s'insurge le Britannique. Ils se sont fondés sur ma position, prétextant qu'elle n'était pas conforme à l'idée qu'on se fait du vélo. C'est ridicule ! J'ai le sentiment qu'on s'acharne sur moi. Je décide donc d'arrêter la piste. »

« C'est la victoire d'Obree face à Ermenault, en 1993 à Hamar, qui a choqué l'UCI, raconte le Belge Jean Wauthier, membre de la commission technique. Ce n'était peut-être pas le poursuiteur le plus fort qui l'avait emporté. La position avait été déterminante dans sa victoire. »

Débarrassé d'Obree, Philippe Ermenault est toutefois privé de la demi-finale par un autre Français, Francis Moreau. Deux Picards, deux bons copains qui s'affrontent. Le duel tourne à l'avantage de ce dernier. Moreau domine par la suite l'Allemand Guido Fulst, mais en finale, son échec a lieu face à l'Anglais Chris Boardman : 4' 27" 742 (4 km à 53,783 km/h) contre 4' 39" 301. Les deux hommes étant coéquipiers sous la casquette du GAN, ce doublé

Le magnifique été de Boardman.

comble leur directeur sportif, Roger Legeay. Sur le podium, près duquel une fanfare militaire interprète un *God Save The Queen* plein de bonne volonté, Boardman abandonne son visage de clown triste de la piste aux étoiles. « Gagner ce titre, c'était mon rêve ! », exulte l'ancien apprenti menuisier de Hoylake, près de Liverpool. Après le Maillot jaune du Tour qu'il a enfilé dans le Nord, il revêt maintenant la tunique arc-en-ciel. Francis Moreau n'est pas déçu. « Je suis parti sur des bases élevées pour au moins tenter quelque chose, mais il était intouchable. Être battu par Chris, c'est presque une victoire », murmure-t-il en prenant l'argent content.

Mercredi 17 AOÛT

UNE ÉPILEPTIQUE CHAMPIONNE DU MONDE

« Je rêve... » « Non, tu ne rêves pas, Marion ! », coupe Florian Rousseau. Marion Clignet demande une brosse. « Il faut que je sois présentable pour recevoir le maillot. » Elle arrange son ruban rouge, se refait une beauté. « Pas de lunettes, pas de publicité pendant la cérémonie protocolaire », lui glisse un officiel. « Mais je suis myope », réplique-t-elle.

Clignet est championne du monde de poursuite pour la première fois. En finale, la Russe Svetlana Samohvalova ne l'a jamais inquiétée. La Française a avalé les 3 000 m à la moyenne de 48,344 km/h. *La Marseillaise* retentit pour la deuxième fois en trois jours. Marion Clignet entame son tour d'honneur en tenant un bouquet de fleurs dans une main. Elle chute à l'amorce du premier virage, à 10 km/h, et rit de sa maladresse.

Boardman et Moreau : c'est aussi le GAN qui gagne.

Quelques jours plus tôt, c'est l'inquiétude qui prévalait. Marion est épileptique. C'est du reste parce qu'elle souffre de cette maladie que la jeune femme, née aux États-Unis de parents rémois – elle y vivra jusqu'à l'âge de 24 ans –, découvre le vélo. « La loi de l'État du Nevada, où j'habitais, exige que les personnes épileptiques soient privées de leur permis de conduire », explique-t-elle. Marion participe à un stage préparatoire au Mondial à Saint-Amand-Montrond (Cher), lorsqu'elle reçoit une mise en garde formelle du laboratoire américain produisant ses médicaments. Elle est avertie que des anémies très graves ont été déplorées aux États-Unis. Le nombre des globules rouges de son sang a baissé dangereusement. Diminuée physiquement et psychologiquement, Clignet récupère des forces et un bon moral en arrivant en Sicile, où elle domine nettement ses adversaires. « J'étais dans le gouffre il y a un mois et me voilà championne du monde », apprécie-t-elle, heureuse d'avoir pris le destin à contre-pied.

Née et éduquée aux États-Unis, Marion Clignet ramène l'or en France.

Jeudi 18 AOÛT

FÉLICIA A LE TEMPS ET L'ARGENT...

La première manche de la finale de la vitesse est remportée avec aisance par Félicia Ballanger, aux dépens d'une Russe massive, âgée de 37 ans, Galina Enukhina. A 23 ans, la jeune Vendéenne semble prête à succéder à Isabelle Nicoloso, la dernière Française championne du monde en sprint, en 1985.

Mais quand la cloche annonçant le dernier tour retentit, Daniel Morelon est troublé. « Plus près d'elle, Félicia ! En haut, en haut ! », crie l'entraîneur au centre de la piste. Le sprint est lancé, Ballanger se tient trop en retrait de son adversaire. « Elle est folle, qu'est-ce qu'elle fait ? », hurle Morelon.

Une manche partout. Il faut recourir à la belle pour départager les deux finalistes, mais dans la tête de Félicia, le ressort est cassé. La Russe jaillit la première, Ballanger la remonte progressivement et jette son vélo sur la ligne. « Photo finish ! », annonce le speaker,

Félicia Ballanger n'a pas réussi à enfiler la deuxième manche du maillot arc-en-ciel.

qui lance presque aussitôt : « Enukhina vainqueur ! » D'un boyau...

« C'est dans la deuxième manche que je perds le titre, conviendra Félicia. J'ai commis une grossière erreur, j'étais tellement sûre de moi que je n'ai pas fait attention quand elle m'a pris 20 m.

Daniel Morelon est aussi déçu que sa jeune élève du centre de Hyères. « Des matchs comme ça, elle en a gagné 99 sur 100. Il lui faut un grand succès pour que le déclic se produise. Elle aura alors l'assurance d'être la meilleure sprinteuse du monde. » Dans la perspective dorée des jeux Olympiques d'Atlanta, en 1996...

Daniel Morelon et Gérard Quintyn entourent Frédéric Magné et Fabrice Colas.

Vendredi 19 AOÛT

LE BONHEUR A DEUX

Bien sûr, le tandem n'est pas une épreuve populaire dans le monde. Le sympathique Jean Moiroud, un des mécaniciens de l'équipe de France, raconte que sa Fédération ne possède que trois vélos pour sa pratique : celui sur lequel Fabrice Colas et Frédéric Magné concourent en Sicile, un vélo de remplacement en cas d'incidents mécaniques, et le troisième qui n'est autre que l'engin utilisé par Pierre Trentin et Daniel Morelon, champions olympiques en 1968 à Mexico !

Il n'empêche, la course en tandem livre toujours de belles émotions au public. A la veille de la fin des championnats du monde, elle enrichit le palmarès de la piste française grâce à la victoire de Colas et Magné en finale, aux dépens des Allemands Jens Glücklich et Emanuel Raasch.

« Nous savions que nous allions vite, nous avions la hargne, raconte Fabrice, fou de joie. Frédéric et moi, nous avions arrêté le tandem en 1989 pour nous consacrer uniquement à la vitesse. Est-ce que j'avais retrouvé l'œil du "chauffeur" et mes automatismes à la fois ?... »

La réponse, Colas la donne sur la piste. « J'avais une entière confiance en lui, assure Magné. Fabrice a été inspiré en passant dans un trou de souris en demi-finale contre les Italiens et en finale face aux Allemands. »

« Vous êtes champions du monde à vie ! », intervient Daniel Morelon – le tandem sera rayé du programme à l'avenir. Après 1987, 1988 et 1989, les deux amis enfilent leur quatrième maillot arc-en-ciel, un record. Et Magné glisse malicieusement, avant de monter sur le podium : « Enfin, je vais entendre une *Marseillaise* jouée par une vraie fanfare. Avant, on nous mettait le disque... »

La France termine au premier rang du classement des nations avec trois médailles d'or et deux d'argent, qui récompensent la qualité des athlètes et le travail sérieux de leurs entraîneurs. Daniel Baal est un président de fédération comblé. « Nous avons désormais une superéquipe, la meilleure depuis les Jeux de Mexico », se réjouit-il.

Martin Nothstein, le nouveau roi du sprint.

CARNETS DE ROUTE

Dimanche 21 AOÛT

LES BEAUX ADIEUX DU « CENT BORNES »

Le vélodrome s'est vidé de ses pistards depuis la veille au soir, après la course au titre du keirin obtenu par le jeune Américain Martin Nothstein, lauréat du tournoi de vitesse trois jours plus tôt. Place est donnée aux routiers disputant les 100 km en contre-la-montre par équipes. En raison de son absence aux jeux Olympiques 1996 d'Atlanta, c'est la dernière fois que l'épreuve est organisée aux championnats du monde.

Les Français veulent enterrer leur vie d'amateurs – certains d'entre eux intéressent des groupes professionnels – avec une médaille autour du cou. L'or paraît inaccessible aux

A Palerme, l'équipe de France des 100 km se classe à la deuxième place derrière l'Italie. La belle récompense d'un travail de longue haleine.

Bleus et destiné à la squadra azzurra, qui règne sans partage sur la discipline depuis l'effondrement de l'URSS et de la RDA et la pénurie de bons rouleurs aux Pays-Bas. A mi-parcours, Jean-François Anti, Dominique Bozzi, Pascal Deramé et Christophe Moreau ont un pied sur le podium. Comme prévu, l'Italie est nettement en tête, suivie de l'Allemagne et de la France, qui reste sous la menace de la Suède. Les derniers kilomètres sont à l'avantage des Tricolores. Ils dépassent les Allemands et terminent à la 2e place, à 2' 48" des Transalpins, vainqueurs à plus de 50 km/h de moyenne.

Eux seuls connaissent le prix de la douleur pour une médaille d'argent. Anti est allongé sur l'herbe grillée, au milieu du vélodrome. « Est-ce qu'un jour je pourrai me refaire aussi mal sur un vélo ? », se demande-t-il, complètement épuisé. « C'est le résultat de la bonne cohésion et de l'amitié entre quatre copains », se félicite Christophe Moreau, qui ajoute, à propos de sa fin de course : « Mon cœur ne doit pas dépasser le seuil des 180 pulsations/minute, sinon je risque d'exploser. Là, j'étais à 191, je ne voyais plus clair, c'était l'effort extrême, le surpassement. »

Pour Charly Bérard, leur entraîneur, et Dominique Garde, qui assiste le Niçois, le bonheur est à l'intérieur. D'une voix calme qui tranche avec l'émotion de ses garçons, Bérard raconte comment il a mené l'opération « 100 bornes ». « J'ai choisi mon groupe de cinq coureurs dès le début de saison. Avant le Mondial, ils ont passé un mois ensemble, dont quinze jours à grimper des cols dans les Alpes, l'Iseran, le Galibier et d'autres encore. Le but était double : accomplir un travail foncier et à la fois intense du fait de la raréfaction de l'oxygène en altitude. »

Cinq coureurs, c'est un compétiteur de trop. A une semaine du « chrono », Blaise Chauvière est prévenu qu'il n'est que remplaçant. Ceux que Bérard surnomme ses « turbo diesel » régalent leur coach le Jour J, tant attendu. « L'entraîneur sent qu'il joue un rôle important, apprécie-t-il. C'est la seule discipline où je prends vraiment mon pied. »

Mardi 23 AOÛT

DU RIFIFI CHEZ LES FILLES

L'atmosphère est lourde dans le stand de l'équipe de France féminine, quelques instants après l'arrivée de l'épreuve sur route à Capo d'Orlando (nord-est de la Sicile), remportée par l'athlétique Norvégienne Monica Valvik.

« Longo n'est pas un être humain », soupire Cathy Marsal, soudainement prise de convulsions. Les larmes commencent à couler sur ses joues. « A 35 ans , avec tous les titres mondiaux qu'elle possède, elle aurait pu jouer le jeu de la course d'équipe », se lamente la jeune Lorraine. Cécile Odin, qui accompagnait Marsal en tête de la course, avec deux autres filles (l'Italienne Imelda Chiappa et la Suissesse Luzia Zberg), peste, elle, contre le motard qu'elle juge responsable de leur chute lors de la dernière boucle du circuit.

Que s'est-il passé réellement ? A un tour de l'arrivée (12,3 km), le groupe des quatre échappées possède 30" d'avance sur le peloton. Rien n'est encore joué, mais les deux Françaises semblent toutefois avoir la course en main. C'est le moment choisi par Jeannie Longo pour s'extraire du paquet. La force est avec elle, alors la Grenobloise rejoint rapidement les fuyardes, mais son attaque suscite la réaction du peloton, contribue à condamner les chances de Marsal et Odin, et provoque leur colère. Il n'y a aucune Tricolore sur le podium. Dans le camp de l'équipe de France, le mot trahison est lâché. « La » Longo ne l'entend pas. Elle s'est éclipsée, sûre de son bon droit, et s'expliquera après-demain à Catane…

MENGIN EN BRONZE

Quelques heures plus tard, le scénario de la course des hommes apporte un peu de baume au cœur des responsables français. Les Bleus sont omniprésents pendant la journée et lors du dernier tour, Sébastien Médan se « sacrifie » pour augmenter les chances de victoire de Christophe Mengin face au Danois Alex Pedersen, au Slovaque Milan Dvorscik et à l'Italien Gianluca Pianegonda qui composent le groupe de tête. « J'étais sûr que Christophe allait gagner au sprint, insiste le champion de France amateurs après l'arrivée. J'ai monté la dernière côte et assuré la descente à bloc pour éviter toute attaque. » Mais, à 500 m de la ligne d'arrivée, une franche accélération d'Alex Pedersen détermine sa victoire, tandis que Mengin souffle la 3e place à Pianegonda. « Je surveillais l'Italien, mais le Danois est parti, raconte Mengin. Il était trop fort. »

Agé de 28 ans, Pedersen est un ex-professionnel des équipes RMO et ONCE – pendant quatre saisons –, remonté sur un vélo après avoir observé un arrêt d'une année en raison de problèmes cardiaques. C'est « pour le plaisir » qu'il a par la suite intégré le peloton des amateurs, pour le meilleur aussi.

Après la course au maillot, « et au bidon », ajoute Arnaud Prétot sous un soleil torride, Christophe Mengin déclare n'éprouver aucune déception d'être passé à quelques mètres seulement d'un bonheur majuscule. Sa médaille de bronze le satisfait pleinement. Le Lorrain a 26 ans et guère plus de temps à perdre. En effectuant une course pleine, il s'est montré digne de la confiance de Vincent Lavenu, directeur sportif de l'équipe Chazal, qui l'a intégré à son groupe pour disputer les épreuves de fin de saison, avec à la clé un contrat professionnel pour 1995.

Tout un symbole : Jeannie Longo, à l'écart de ses « coéquipières », s'entretient avec son mari au départ de l'épreuve « individuelle ».

Longo fonce vers les ennuis.

Christophe Mengin bronze en Sicile.

Un dernier incident se produit pendant la course du contre-la-montre que remporte l'Américaine Karren Kurreck. Jeannie Longo s'élance de la rampe de départ. Son mari, Patrice Ciprelli, est au volant de sa voiture personnelle et s'apprête à suivre sa femme. Les commissaires l'empêchent d'accéder au parcours, car il ne dispose pas d'une plaque accréditive. Il réussit toutefois à pénétrer sur le circuit et rejoint sa femme, partie depuis 10 km. Conséquence : l'Union cycliste internationale inflige à la Fédération française, qui avait renoncé à accompagner Longo d'un véhicule officiel, une amende de 20 000 F. Énième épisode d'un mauvais feuilleton. Sera-t-il le dernier ? On finit par en douter...

Doublé piste et route pour Boardman.

Jeudi 25 AOÛT

LE DERNIER PODIUM DE JEANNIE

A Catane, où ses jambes la portent vers la médaille de bronze du contre-la-montre individuel, le sort de Jeannie Longo est réglé. « Je ne veux plus entendre parler d'elle. En attaquant mardi, derrière Marsal et Odin, elle a signé son bon de sortie de l'équipe de France », rapporte Patrick Cluzaud, le directeur technique national. Longo apprend la nouvelle de la bouche des journalistes. Elle n'est guère surprise, mais sa réaction est vive. « Je n'accepte pas qu'on me montre du doigt. Je suis revenue seule. Il n'y avait pas de leader désignée. Nous avions toutes carte blanche. »

Malgré son extraordinaire palmarès, il est presque miraculeux qu'elle ait fait de vieux os sous le maillot bleu-blanc-rouge, en raison des nombreux conflits qui ont opposé la multiple championne du monde à sa fédération depuis une dizaine d'années. «De toute façon, je n'appartenais plus vraiment à cette équipe, dit-elle. Avant j'en étais fière, mais maintenant j'ai presque honte de porter les couleurs de mon pays. A la fin des années 80, je me sentais déjà étouffée, j'avais envisagé de changer de nationalité et je regrette de ne pas l'avoir fait. »

BOARDMAN SE COUVRE D'OR

Dans l'après-midi, Chris Boardman ajoute une nouvelle médaille d'or à sa très belle collection. L'Anglais signe le meilleur temps du contre-la-montre individuel open (42 km à 50,832 km/h), le premier du genre, mais sans la participation du meilleur rouleur du monde, Miguel Indurain, et d'un autre grand spécialiste, Tony Rominger. En revanche, Evgueni Berzin est présent. Ou plutôt, c'est son ombre. Car le jeune lauréat du Giro n'est pas compétitif. Il n'a quasiment pas couru de tout l'été, et de son propre aveu, il «prend une grosse claque». 21e à 4' 19" de Boardman, il est même dépassé par l'Anglais, à 8 km de l'arrivée ! Premier amateur, l'Allemand Jan Ullrich se classe en 3e position, 1' 50". On dit de ce bel athlète de Rostock, une ville de l'ancienne RDA, qu'il possède un vrai talent. Rapidement reconnu par l'équipe Telekom, qui lui a fait une «offre très attrayante et généreuse», en 1993, selon ses responsables, lorsque Ullrich est devenu champion du monde amateurs sur route en Norvège, à 19 ans seulement.

Jeannie pour solde de tout compte...

Les deux Français engagés dans ce «chrono» déçoivent. Thierry Marie est 7e, une place qui ne le satisfait pas, car il visait le podium, et Eddy Seigneur, rapidement démobilisé, termine au 26e rang et prévoit d'être absent en 1995 : «Je ne suis pas fait pour les longues distances, je m'en suis rendu compte pendant le Tour», concède le Picard.

ESTINA
F.F.C.

Le jour de gloire de Lucho

L'incroyable rêve.

Bernard Hinault l'a annoncé en 1993 : il ne souhaite plus assumer les fonctions de sélectionneur de l'équipe de France parce qu'il a désormais la tête plongée dans le pétrin. « Le blaireau » s'est lancé dans le commerce de la levure à l'échelle du Grand Ouest, qui lui dévore son emploi du temps. Comme il n'a jamais aimé faire les choses à moitié, Bernard Hinault renonce à accompagner l'équipe de France au championnat du monde d'Agrigente, en Sicile ; il est remplacé par Bernard Thévenet. Son seul regret : n'avoir jamais dirigé un coureur devenu champion du monde. « Mais, se justifie le Breton avec une pointe d'orgueil, ce sont mes gars qui pédalent, pas moi ! »

La direction technique nationale change, elle aussi, et c'est là l'événement le plus important, car le DTN tient un rôle majeur dans la vie quotidienne du cyclisme français. Patrick Cluzaud est nommé à ce poste à la place de Lucien Bailly, qui l'occupait depuis treize ans. Cluzaud connaît bien le secteur professionnel. Il a été l'équipier de Bernard Hinault à la fin des années 70, et, de 1988 à 1990, le manager de l'équipe Toshiba. Dans la Nièvre, il est à la fois le voisin de Jean-François Bernard, Yves Hézard, et du colonel Richard Marillier, dont le grand fait d'armes dans le sport cycliste reste le championnat du monde brillamment remporté par Bernard Hinault en 1980 à Sallanches. Marillier présidait alors aux destinées de l'équipe de France en compagnie de Jacques Anquetil. Depuis cette date, aucun Français n'a revêtu le maillot arc-en-ciel. Charly Mottet a terminé 2e en 1986, derrière le rapide Moreno Argentin, et Laurent Jalabert l'a imité six ans plus tard, battu au sprint par Gianni Bugno. Jalabert et Mottet sont convalescents. Le premier se rétablit progressivement de sa grave chute d'Armentières, et le second, renversé par une voiture alors qu'il venait de disputer un contre-la-montre en Suisse, n'a pas retrouvé une forme suffisante pour participer au Mondial.

Cluzaud songe à préparer, dit-il, l'équipe de France des cinq prochaines années. Aussi n'hésite-t-il pas à aligner sept coureurs n'ayant jamais porté le maillot bleu-blanc-rouge. Les nouveaux « capés » sont Laurent Brochard, Pascal Hervé, Stéphane Heulot, Pascal Lino, Laurent Madouas, Didier Rous et Laurent Roux. La deuxième partie du groupe se compose de trois leaders – Armand De Las Cuevas, Luc Leblanc et Richard Virenque – et de deux capitaines de route – Jacky Durand et Ronan Pensec. L'ossature du groupe repose sur les deux équipes de marque les plus performantes de la saison : Castorama et Festina.

Les sélectionnés se retrouvent au Grand Prix Ouest-France, à Plouay, et sont réunis pendant les deux jours qui suivent la course à Lorient. Les premiers échanges rassurent Bernard Thévenet. « Ça se passe bien. Les gars rigolent, il y a une bonne ambiance. Je ne peux pas avoir l'autorité d'un directeur sportif qui est leur patron pendant toute l'année. Pour compenser, j'essaie de rester l'ancien coureur qui a vécu la situation d'un championnat du monde et est en mesure de les comprendre. Ce n'est jamais sans risques que d'essayer de fédérer des types qui se tirent la bourre pendant la saison, mais je les crois loyaux, sans arrière-pensées. Un garçon qui ferait perdre son équipier serait pris à partie par tout le pays. »

Quarante-huit heures avant l'épreuve, la délégation française débarque à Agrigente dans des conditions rocambolesques. Le car qui l'attend à l'aéroport de Palerme est en partie occupé par les supporters de Giorgio Furlan. Thévenet, qui souhaite que ses coureurs voyagent dans la tranquillité, demande des explications au chauffeur, lequel lui répond sèchement : « C'est mon bus, alors je fais ce que je veux. » Les Français se sont levés à 6 heures pour prendre l'avion de Brest. Ils apprennent, irrités ou philosophes, selon les caractères, que leur car effectue un détour de 20 km pour conduire les tifosi à leur hôtel !

Le dimanche 28 août, à Agrigente, Luc Leblanc devient le septième champion du monde de l'histoire du cyclisme français après Speicher (1933), Magne (1936), Bobet (1954), Darrigade (1959), Stablinski (1962) et Hinault (1980).

C'est la Sicile, et tout est permis. Comme la victoire d'un Tricolore sur le magnifique et très difficile circuit de la vallée des temples édifiés au Ve siècle avant J. -C...

La squadra azzurra est la grande favorite – comme chaque année –, d'autant plus qu'elle roule sur ses terres. Mais le cyclisme italien est secoué par un événement qui le dépasse. Le forfait de Gianni Bugno, à la suite d'une récente chute à l'entraînement, a été enregistré, lorsqu'on découvre que le double champion du monde est sous le coup d'un contrôle positif à la caféine. Une semaine plus tard, on apprendra que la contre-expertise a confirmé la première analyse. Le 5 septembre, Bugno sera officiellement suspendu pour deux ans, autrement dit, sa carrière est condamnée.

La course se déroule selon le scénario établi : un match Italie-France. Bien après que le Colombien Raul Montana a ouvert les hostilités, une échappée comprenant 23 hommes se dessine dans le quinzième des dix-neuf tours, parmi lesquels se trouvent 7 Italiens et 5 Français. Il reste encore 53 km à accomplir dans la chaleur et une côte interminable qui se monte par paliers à gravir quatre fois. Mais le doute est interdit, le champion du monde se trouve bien parmi eux. Bleus et Azzurri se regardent les yeux dans les yeux. Stéphane Heulot attaque en vain, Richard Virenque se trouve continuellement aux avant-postes, et Laurent Madouas, qui ouvre la route à son tour, est victime d'un incident mécanique. Rolf Sörensen s'invite au bal des prétendants. Le Danois accélère à plusieurs reprises. L'une de ses offensives pousse Massimo Ghirotto et Luc Leblanc à réagir...

Lorsque le son de la cloche annonçant le dernier tour retentit, les trois hommes comptent 15'' d'avance sur leurs poursuivants. Lance Armstrong, le tenant du titre pour quelques minutes encore, fait avorter la tentative. Chiappucci démarre au pied de la dernière côte, sans succès. Sörensen insiste une fois encore. Leblanc et Ghirotto le rejoignent et le dépassent à 1 500 m de la ligne d'arrivée. Lucho « fait » la montée, mais l'Italien colle à sa roue comme une sangsue. Massimo, le physique dégingandé et le crâne dégarni, est un homme de courage, un dur à cuire. Le Français a des jambes magnifiques, alors il décide d'adopter un braquet qui lui réclame plus de puissance. Chaque mètre gagné lui coûte un véritable effort. Chaque mètre que Luc prend à Ghirotto arrache des cris de supplication, d'encouragement qu'il n'entend pas, dans le stand de l'équipe de France où mécanos, médecins, kinés et journalistes s'agglutinent devant un poste de télévision.

Chiappucci vaillant, puis fair-play.

Leblanc s'approche inexorablement du maillot arc-en-ciel. A 300 m de la ligne, il salue le public, crie déjà son bonheur. Il est champion du monde ! Claudio Chiappucci s'empare de la deuxième place, devant Richard Virenque, auteur d'une course sans faille sur les plans individuel et collectif. « Mon amour ! mon amour ! », s'exclame Luc Leblanc en étreignant Maria, qui s'est frayé un chemin à travers la foule pour rejoindre son mari. Luc jette son vélo à terre et tombe dans les bras de sa femme. Sa sueur se mêle aux larmes de sa belle Espagnole. C'est le bonheur intégral, une joie majuscule, indescriptible.

La course du championnat du monde provoque une tension extrême et génère les rêves les plus fous avant son échéance : Luc Leblanc craque, ses nerfs le lâchent avant même que ses oreilles entendent *La Marseillaise* et que ses yeux voient le drapeau français s'élever dans le ciel de la Sicile. Le Limousin entre dans un grand délire. Il rit, il chiale, il ne sait plus très bien, puisqu'il a renoncé à tout contrôle de lui-même. Embarqué dans une douce et folle ivresse à la fois, il embrasse son copain Richard Virenque, qui hurle comme un supporter, il aperçoit le masseur de l'équipe Festina. « Willy ! Oh ! mon Willy ! », crie-t-il en le serrant contre lui. Dans un éclair de lucidité, sans avoir à fouiller dans sa mémoire, Luc repense à Bernard Hinault. « Quatorze ans après Hinault, c'est pas vrai ! C'est pas possible ! Non, je n'y crois pas ! Je suis champion du monde ! »

Le chemin qui mène Luc Leblanc au podium où l'attend son beau maillot arc-en-ciel est interminable. Le public a envahi la via della Vittoria (la rue de la Victoire !), il scande le nom de Chiappucci, siffle l'apparition de Luc Leblanc sur la première marche. « Lucho » est trop heureux pour entendre ses manifestations. Il met la joue de Claudio dans le creux de sa main, qui lui répond par un petit sourire, émouvant. Il a manqué 9'' à « Il Diablo » pour devenir champion du monde. C'est peu et beaucoup à la fois. « Je n'ai pas le sentiment d'avoir perdu, c'est tout simplement le plus fort qui a gagné », lâche Chiappucci.

L'Italien joue au grand frère sur le podium ; il demande à Luc de désigner sa médaille à l'attention des photographes qui les mitraillent. Virenque est heureux comme un roi, mais il n'est que prince. « Je voulais attaquer, mais Luc l'a fait avant moi. C'est la course et j'en suis heureux pour lui. » Une semaine plus tard, à Argenteuil, après sa victoire au Trophée des Grimpeurs, il avouera néanmoins : « On ne réécrit pas l'Histoire, mais dans dix ans, je garderai encore un petit regret. »

La conférence de presse débute à deux pas de là, sous une tente climatisée. La hiérarchie des places est scrupuleusement respectée : assis sur une chaise, Chiappucci et Virenque entourent Leblanc. « Je me souviens de la

Luc Leblanc, lancé à la poursuite de Rolf Sörensen et de Massimo Ghirotto dans l'éprouvante montée de la côte d'Agrigente.

victoire de Bernard Hinault, savoure le Limousin. Il avait attaqué dans le dernier tour et lâché un Italien, Baronchelli. Je l'ai un peu copié : je suis parti dans la côte finale avec Ghirotto, encore un Italien. J'avais de très bonnes jambes, j'ai mis un braquet plus gros – 42 × 14 – et il ne m'a pas résisté. J'ai passé quasiment toute la journée à rester dans les trente derniers du peloton et c'était un peu risqué, car une échappée aurait pu partir sans moi et aller au bout. » Il paraissait sûr de son fait. N'avait-il pas annoncé, après avoir effectué une première reconnaissance du circuit, deux jours plus tôt : « Le vainqueur se dégagera dans le dernier kilomètre de la dernière ascension » ? Naguère, il se serait affolé, il aurait perdu les pédales. Mais cette fois, Lance Armstrong, son prédécesseur, se trompait lorsqu'il racontait, avant la course, se délectant à

Leblanc et Virenque : deux Français, deux Festina, sur le podium.

Au lendemain de son titre, Luc Leblanc dispute le circuit de l'Aulne à Châteaulin, la ville où il a rencontré sa femme en 1991.

l'avance de l'effet qu'allait produire sa phrase dans le regard des journalistes: «Les favoris devraient être Leblanc et Virenque. Mais dans leur tête, ils sont moins forts que les Italiens. Donc, LE favori, ce sont LES Italiens.»

En réalité, LA providence est espagnole. Elle s'appelle Maria. En 1991, au soir du circuit de l'Aulne à Châteaulin, Luc fait la connaissance de la Madrilène, étudiante en histoire de l'art, jeune fille au pair chez des charcutiers de la commune pendant ses vacances bretonnes. «Il restait une place dans l'avion de l'équipe de France pour la Sicile. Je lui ai demandé: "Veux-tu venir?" Elle n'a pas hésité. J'en ai bavé, depuis deux ans, comme on ne peut l'imaginer. Fin 1993, je voulais arrêter ma carrière. C'est elle qui m'a remis en selle. Tout ce qui m'arrive, c'est grâce à elle. C'est Maria qui est championne du monde. J'ai gagné pour mon pays et pour Maria...»

L'ancien coureur en détresse, éliminé dans le Tour 92 à L'Alpe-d'Huez et absent du grand rendez-vous de juillet l'année suivante, fait place au nouveau champion du monde. Marqué à jamais par la mort, à l'âge de 10 ans, de son frère cadet, renversé avec lui par un chauffard, l'enfant de Nantiat, près de Limoges, d'abord attiré par le football, avait donné ses premiers coups de pédale en 1979 pour que sa jambe gravement touchée dans l'accident retrouve sa motricité.

Un jour, Luc s'était dévoilé. Il nous avait fait cette confidence dans le Tour 91, quelques heures avant d'endosser le maillot jaune à Jaca: «Je suis très croyant. J'ai été enfant de chœur et, à 18 ans, j'ai eu envie d'entrer dans les ordres parce que je voyais beaucoup de misère autour de moi. Finalement, je me suis aperçu que je pouvais faire plus de bien que ces personnes qui sont enfermées dans des couvents et prient vingt-quatre heures sur vingt-quatre. Il faut avoir une attitude concrète, aller au contact des gens. Moi, face au public, j'essaie d'être sympa en permanence. Je distribue des sourires aux gens qui viennent voir les pros et qui ne peuvent pas toujours les approcher comme ils le souhaiteraient. Leur apporter de la joie et du plaisir grâce au vélo, c'est mieux que d'être dans un couvent (...). Je préfère prier seul que d'aller à la messe. Les gens se regardent en chiens de faïence. A la campagne, c'est celui qui aura mis les plus beaux habits. Si je revoyais ça, j'éclaterais en sanglots et je leur dirais ce que je pense.»

53,040 km !

La scène se déroule dans un bar de Catane, le jeudi 25 août, peu avant le départ du contre-la-montre des championnats du monde. Eusebio Unzue, l'homme qui a découvert Miguel Indurain à l'âge des juniors, avale un expresso, puis il se tourne vers nous avec ce sourire qui ne le quitte pratiquement jamais. Il est venu jusqu'en Sicile pour plaider auprès de l'UCI la cause de son coureur, qui souhaite utiliser un faisceau lumineux destiné à le guider sur la piste du record de l'heure. Si tentative il y a, car Unzue, à l'image du clan Banesto, reste prudent. « Miguel doit effectuer un dernier test aujourd'hui. Après quoi une décision définitive sera prise, confie-t-il. Si elle est négative, il n'aura cependant pas perdu son temps, puisque nous disposerons d'éléments précieux pour l'année prochaine. »

Il est midi, à Bordeaux. Le directeur sportif Jose-Miguel Echavarri, le médecin de Miguel, et le préparateur physique Sabino Padilla échangent quelques mots avec l'intéressé. Le docteur italien Aldo Sassi, qui était de l'« opération Mexico » 1984 dans l'entourage de Francesco Moser, participe également au débat. Miguel leur répond d'un signe de la tête. Il tentera de battre le record. La date choisie est le vendredi 2 septembre, sur la piste en bois déroulant 250 m du vélodrome bordelais où Chris Boardman, le 23 juillet 1993, et Graeme Obree, le 27 avril 1994, ont parcouru respectivement 52,270 km et 52,713 km.

A-t-il pour autant balayé tous ses doutes ? Non. Même le plus grand routier du monde

Indurain l'a fait !

ne s'improvise pas pistard. Hormis une participation aux Six Heures d'Euskadi, près de chez lui à San Sebastián, et un match de poursuite à Valence effectué sur un vélo de contre-la-montre, Indurain n'a quasiment jamais tâté de la piste, un nouveau monde qu'il lui reste à explorer. C'est un handicap majeur qu'il définit ainsi : « Il faudra que je sois très fort mentalement pour vaincre la monotonie, car évoluer sur une piste n'a jamais été une distraction pour moi. On doit perdre la notion de l'espace et du temps à force de tourner à plus de 50 à l'heure. » La ligne noire située à la corde représente sa ligne de conduite à tenir, une véritable obsession. Le projet du laser, que Unzue défendra en vain, avait été imaginé pour offrir un « lièvre » au coureur. Outre l'adaptation à la piste qui lui cause des soucis, sa position n'est pas parfaite. L'idéal aurait été qu'il s'avance sur son vélo de 4 cm. « Mais par rapport à ma morphologie, c'est impossible », assure Indurain. Le gain obtenu est de 1,5 cm. Son coefficient de pénétration dans l'air, appelé communément CX, s'en trouve appauvri.

Pour compléter ce chapitre guère réjouissant, Sabino Padilla estime que Miguel devra produire 25 % de puissance de plus que Graeme Obree pour rouler à la même vitesse que lui ! Ce chiffre exceptionnellement élevé, qui n'appartient qu'à lui, le médecin l'explique par la différence entre le vélo (désormais interdit) de l'Écossais et celui de l'Espagnol. Conçu par des ingénieurs italiens et fabriqué dans l'usine des cycles Pinarello, il a été baptisé « Espada » (épée). Le cadre monobloc est constitué d'un alliage en fibre de carbone et en titane. Indurain espérait utiliser une fourche cintrée, mais l'UCI, très pointilleuse, lui a refusé ce luxe. Le guidon du triathlète a été retenu. Ses roues lenticulaires ont une circonférence de 2,08 m. Le braquet adopté est de 59 x 14 et développe 8,76 m par tour de pédale. « Il faut beaucoup de temps pour préparer un record, admet-il. Je ne l'ai pas pris, car mon objectif numéro un restait le Tour. Je considère cela comme une nouvelle aventure. Battre de quelques mètres seulement ce record suffirait à me rendre heureux. »

Sa préparation dure huit jours, et ne l'occupe pas plus de vingt heures sur la piste, travail spécifique qu'il assortit de séances d'entraînement sur la route. Il y a urgence, car Miguel est en train de perdre sa forme du Tour, et son mental, si fort soit-il, est proche

Premier coureur espagnol à se mettre en piste contre le record de l'heure,
Miguel Indurain efface Graeme Obree et gagne le dernier grand défi de sa saison.

de la saturation. A la question « Que ferez-vous en cas de crevaison ? » posée par un journaliste à la veille du jour J, il répond : « La piste est lisse et bien nettoyée, mais je ne suis pas à l'abri de cet incident. Si je crève au début, je repars. Si je crève à mi-parcours, je repars... chez moi. » Une seule certitude : au lendemain de sa tentative, il se glissera au volant de sa puissante Mitsubishi, aux côtés de Marisa, sa femme, qui attend un heureux événement, et tous les deux s'évanouiront dans la nature pour une destination inconnue des autres.

Vendredi 2 septembre, 16 heures. Miguel n'a pas entendu le coup de pistolet qui met fin à ses souffrances. Il est couvert par les cris de joie des 2 500 spectateurs, espagnols en grande majorité, saluant l'exploit. Leur héros se relève enfin. A demi caché par la visière du casque, son visage porte encore le rictus produit par l'effort total, le surpassement. Le champion enlève progressivement le masque de sa propre douleur. Il sait qu'il a passé la barre des 53 km, le cap Horn du record de l'heure, lorsque le corps demande grâce, pris dans les pires tempêtes.

Indurain ignore encore le nombre précis des 40 m de bonus arrachés dans ses ultimes coups de reins. « Les vingt dernières minutes ont été terribles, grimace-t-il. Auparavant, j'ai vécu un mauvais moment vers le trentième kilomètre. Je ne me sentais pas à l'aise dans cette position, et le frottement avec la selle me gênait, mais j'ai fini par m'habituer à la douleur. » Après 3 km, son retard (maximal) sur Obree est porté à près de 6" ; au km 20, le Navarrais prend l'avantage pour la première fois. A partir du 27e kilomètre, son bénéfice grandit à raison d'une seconde par borne. Rien ne pourra l'arrêter... « 53,040 km, nouveau record du monde ! », s'étrangle le speaker. Indurain a accompli 327 m de plus qu'Obree. Les drapeaux basques inondent les gradins, les aficionados arborent autour du cou un foulard rouge, celui des fêtes de San Fermin, en juillet, lorsque leur idole était habillée de jaune.

Au centre de la piste, un homme de 83 ans, vainqueur du Tour en 1937, soit plus d'un demi-siècle avant l'Espagnol, a les yeux rougis. Roger Lapébie, l'ami de la famille Banesto, avait écrit au verso d'une photo de Miguel : « Tu vas faire 54 km... » Ce bon Roger était optimiste. Eddy Merckx, tout sourire, n'hésite cependant pas à ajouter un mot pour... une prochaine occasion. « Fin 1995, après les championnats du monde sur route en Colombie, il dépassera les 55 km en altitude », prophétise le plus grand champion de tous les temps, qui poursuit, sur le ton de la satisfaction : « Je suis heureux qu'Indurain possède ce bien, car j'ai toujours pensé que le record de l'heure était l'apanage des grands routiers. »

Miguel s'engouffre dans la casemate de planches et de toile dressée en bordure de la piste. C'était son vœu d'y passer quelques minutes avec Marisa ; elle le rejoint rapidement. Ce qu'ils se disent n'appartient qu'à eux, et à eux seuls. Lorsqu'il en sort, on lui apporte une ardoise sur laquelle il est inscrit 53,040 km. Un homme (un surhomme ?) a parcouru plus de 53 km dans l'heure à la force des jarrets, et c'est tout simplement prodigieux. Indurain restera comme la bête à rouler des années 90, le champion qui personnifiait la beauté de l'esthétisme sur un vélo, et offrait au couple homme-machine une rare harmonie, même dans la souffrance extrême.

Le 2 septembre, le vélodrome de Bordeaux est repeint aux couleurs basques.

KM	BOARDMAN (23-7-93) Bordeaux	OBREE (27-4-94) Bordeaux	INDURAIN (2-9-94) Bordeaux
5	5'48"54	5'38"99	5'43"947
10	11'30"84	11'18"13	11'20"097
15	17'13"43	16'57"04	16'58"938
20	22'56"48	22'39"03	22'38"510
25	28'41"54	28'21"95	28'18"363
30	34'25"54	34'4"34	33'58"341
35	40'11"17	39'46"94	39'33"489
40	45'37"29	45'30"76	45'13"850
45	51'43"37	51'14"03	50'55"942
50	57'28"74	56'54"51	56'34"263
FINAL	52,270 km	52,713 km	53,040 km

SEPTEMBRE

Deux fois 2ᵉ – en 1991 et 1992 –,
Virenque remporte enfin le Trophée des Grimpeurs.

Rolf Sörensen gagne Paris-Bruxelles deux ans après sa première victoire.

JALABERT ET NELISSEN SONT DE RETOUR !

Paris-Bruxelles, la classique du mois de septembre, revient au Danois Sörensen, qui lâche sur la fin Ballerini et Yates. A 34 ans, Delgado fait de beaux adieux lors du Tour de Catalogne, qu'il termine à la 3ᵉ place, à 30'' du lauréat Chiappucci, tandis que Jalabert remporte l'étape de Lerida : son premier succès depuis l'accident d'Armentières. Nelissen lève, lui aussi, les bras au circuit Mandel-Lys-Escaut et au GP d'Isbergues. Le Tour de l'Avenir disputé dans le grand Ouest révèle l'Espagnol Casero, 22 ans. Zabel rentre chez lui, à Berlin, avec quatre succès dans ses valises et se lance un grand défi : gagner Paris-Tours. Les Français Seigneur, Bloy et Rous sont à créditer chacun d'une victoire d'étape. Virenque s'adjuge le Trophée des Grimpeurs dans le Val-d'Oise. L'Italien Tafi est le meilleur au GP de Fourmies, et le Danois Michaelsen l'imite dans Paris-Bourges, dernière épreuve de la Coupe de France qui consacre Pensec. Les Italiens sont invincibles sur leurs routes, où Bortolami remporte le Tour de Vénétie, Petito le Tour de Romagne, Fondriest le Tour du Latium, Casagrande le Tour d'Émilie, Lecchi la Coppa Placci et à nouveau Fondriest qui gagne la Coppa Sabatini.

Deux mois et demi après sa chute dans le Tour,
Wilfried Nelissen devance Sean Yates à l'arrivée du Grand Prix d'Isbergues.

Rominger est de retour

Après sa nette victoire dans le Grand Prix des Nations, Tony Rominger envisage de s'attaquer, en novembre, au record de l'heure.

Il pleut sur le lac de Madine et, pour Charly Mottet, c'est comme si le ciel lui tombait sur la tête. « La pluie a toujours été la plaie de ma carrière », explique-t-il au départ de son dernier Grand Prix des Nations, qu'il a remporté à trois reprises en 1985, 1987 et 1988. Les Nations, c'est la légende, les neuf victoires de Jacques Anquetil, une course unique en son genre, s'enflamme le Drômois. C'est là qu'on voit les chevaux qu'un coureur a sous le capot. La tactique n'existe pas. Seuls comptent la valeur athlétique et le courage de l'homme. Mottet réunissait ces qualités, et c'est parce qu'il refuse de les voir dépérir avec le statut de coureur professionnel accroché à son dossard qu'il préfère quitter le cyclisme dans une condition physique très acceptable. « Arrêter le vélo n'est pas plus dur que de monter L'Alpe-d'Huez. Après ma carrière sportive, j'existerai encore », se rassure-t-il.

Malheureusement, il pleut et il fait froid, cet après-midi du 24 septembre en Meuse, et Charly n'aime vraiment pas. « J'ai vite compris que toutes les heures passées à m'entraîner ne

Chris Boardman, le champion du monde du contre-la-montre, est dépassé par Rominger.

Moreau, étonnant 2ᵉ.

Marie a tenu la distance.

serviraient à rien», dit-il en coupant la ligne à la cinquième place. Loin, très loin du vainqueur Tony Rominger, à 6' 20" exactement. Le Suisse a fêté dignement le retour à la tradition des Nations débarrassées du label «finale de la Coupe du monde», et ne s'adressant donc plus – comme naguère – qu'aux volontaires de l'effort en solitaire – le plus exigeant qui soit –, sur la distance effrayante de 84,5 km. «Après mon abandon dans le Tour, raconte Rominger, je me suis reposé en famille dans un village autrichien où personne ne me connaissait. Au mois d'août, j'ai commencé ma préparation pour le Grand Prix des Nations. Il ne fallait surtout pas que j'interrompe ma saison, car, à ce niveau, une longue période sans compétition aurait été très préjudiciable en vue de 1995. Je devais oublier le Tour et regarder uniquement devant moi.» Des quinze candidats à la souffrance extrême sur un circuit exigeant de fréquents changements de rythme et de braquet, le Suisse prend le meilleur départ. Francis Moreau est le seul à ne pas être débordé. Chris Boardman porte le maillot de champion du monde du contre-la-montre, mais la tunique arc-en-ciel ne lui est d'aucun secours. L'Anglais est malade ou à bout de forces après une saison très remplie, ou bien les deux à la fois. Il finira sixième. Moreau perd du terrain. De 5" après 13,5 km, son retard passe à 49" après 30 kilomètres de course. Le premier circuit développe 47 kilomètres. Lorsqu'il aborde le second de 37,5 km, Rominger a déjà dépassé Mottet, parti 3' avant lui et qui se bat dans les flaques d'eau, avec des jambes «dures comme du bois». Personne ou presque n'est épargné par la crevaison. Pour son malheur, Moreau «perce» à deux reprises, aux environs du cinquantième kilomètre. Conséquence: il est relégué à 3' dix bornes plus loin. C'est fini. «La seconde fois, j'ai dû changer de vélo, abandonner le Lotus auquel je suis désormais habitué», regrette le Picard à l'arrivée. Il ne devance Thierry Marie que de 25". C'est une belle satisfaction pour le Normand. «Avant, je fléchissais dans le final. Avec l'expérience, je parviens à mieux doser mon effort, explique ce dernier. Au début de l'épreuve, j'avais peur. C'est une crainte naturelle, car l'approche d'un "chrono" aussi long est toujours particulière, poursuit Marie. Il ne faut pas paniquer, mais trouver le bon rythme et entrer dans sa bulle, rester concentré, ne penser à rien d'autre qu'à appuyer sur les pédales.» Pascal Lance, quatrième à 4' 29" de Rominger, réalise une bonne fin de saison après sa deuxième place obtenue au Grand Prix Eddy-Merckx, derrière le Suisse, déjà. A travers ses propos, le Lorrain fait jouer la fibre locale et familiale. «A cause d'incidents mécaniques, je rate le podium, déplore-t-il. Chez moi, j'étais très motivé et je voulais tellement faire plaisir à mon père qui pilote le derny pendant toutes ces heures à l'entraînement...»

Rominger triomphe avec 3' 48" sur Moreau et confirme aussitôt l'information selon laquelle il envisage de s'attaquer au record de l'heure de Miguel Indurain, à la fin du mois de novembre. Tout va dépendre des tests qu'il effectuera après le Tour de Lombardie, sur le vélodrome de Stuttgart. «Si je ne soutiens pas les 50 km/h sur la piste, ça ne sert à rien d'insister.» Et de sa motivation. Parce que, Tony ne se gêne pas pour le dire et en rire: «La vie sans rouler, c'est joli aussi...»

Zabel au royaume du sprint

C'est la sortie des classes pour l'ensemble des sprinters, Paris-Tours étant la dernière chance qui leur est offerte de briller. L'avenue de Grammont est incroyablement longue (2 400 m) et vient buter sur l'imposante bâtisse de l'hôtel de ville de Tours. Un vrai billard, leur petit coin de paradis. Cipollini, Jalabert et Nelissen sont excités à l'idée de pouvoir vivre à nouveau le grand frisson que procure à ses acteurs un sprint de haut niveau.

Ils vont y participer, la santé retrouvée – et c'est déjà formidable, car l'Italien, le Français et le Belge ont payé, en 1994, un lourd tribut à leur statut de sprinter. Cipollini n'a pas retrouvé ce même visage qui faisait craquer les filles depuis sa terrible chute dans le Tour d'Espagne, à Salamanque. Sa saison était quasiment terminée ce triste jour d'avril, mais il ne le sut que bien plus tard. La réalité se trouvait dans les vertiges dont avait souffert Mario durant tout l'été. Quant à l'histoire malheureuse de Laurent Jalabert, elle est – on le sait – intimement liée à celle de Wilfried Nelissen, dans le cours d'un sprint dramatique à Armentières, au deuxième jour du Tour de France...

Ces trois-là sont réunis dans le peloton de Paris-Tours, pour le meilleur, espèrent-ils. Jaja ne se fait pourtant guère d'illusions. « Je suis heureux d'être là, mais il ne faut pas trop compter sur moi. Je suis très motivé, cependant je n'ai pas encore rattrapé le temps perdu et j'ignore si je pourrai tenir les 250 km. » La réponse sera mitigée. Jalabert participera bien

Zabel, venu de Berlin.

Emmanuel Malet s'est fait la malle durant 161 kilomètres.

au sprint, mais sans bénéficier de toutes ses forces. « Dans les petites côtes placées vers la fin, je montais à l'énergie. je n'étais pas le seul, car je voyais Nelissen reculer lui aussi », témoigne-t-il après l'arrivée. Paris-Tours récompense rarement les audacieux depuis la victoire d'Albert Bouvet, en 1956 – il attend toujours un successeur français –, après une échappée fleuve. Pourtant, il y a toujours un coureur prêt à s'enfoncer dans la Beauce venteuse aux routes rectilignes, où les spectateurs sont rares ou occupés à une autre passion que le vélo, puisqu'il s'agit de chasseurs. Pendant longtemps, très longtemps, jusque dans les forêts de Sologne, Emmanuel Mallet quitte la ligne de mire du peloton. Le jeune coureur d'Aubervilliers s'en extirpe à Plancheville, au kilomètre 54. Soixante-dix kilomètres plus loin, à Saint-Agil, son avance dépasse vingt et une minutes ! Mais le réservoir énergétique du solitaire se vide sérieusement. Ses jambes tournent de moins en moins bien, alors il se console avec une calculette dans la tête : via les classements intermédiaires (sprints et grimpeurs), il a ramassé autant d'argent qu'il en a gagné dans l'année – il le partagera toutefois avec ses coéquipiers. Mallet est repris après une échappée de 161 km. Il reste 35 km à parcourir. Pour les prétendants à la victoire, Paris-Tours ne fait que réellement commencer. Les attaques se succèdent. Maurizio Fondriest porte la plus franche dans la côte de Joué-lès-Tours, à 5 km de l'arrivée. Museeuw, Bortolami, Planckaert, Michaelsen et Ludwig sautent dans sa roue, mais pas sur l'occasion,

A Tours, Zabel résiste au retour de Bortolami (à gauche). Spruch termine 3ᵉ, dans la roue de l'Allemand, et Cipollini (à droite) se classe 4ᵉ.

car la mésentente règne parmi les fuyards. Fondriest insiste et est contré par Museeuw. Le peloton fond sur les deux hommes peu après l'entrée sur l'avenue de Grammont. Le plus long sprint de l'année s'engage. Il est massif, sauvage et beau. Une chute se produit à 150 m de la ligne, derrière la vague des meilleurs. Provoquée par Christophe Capelle, qui a déjanté, elle entraîne cinq coureurs, parmi lesquels trois Français. Jean-Jacques Henry reste au sol, complètement sonné, le visage ensanglanté – une dent cassée et l'arcade sourcilière ouverte. Mais, en fin de compte, c'est l'Italien Andrea Tafi qui s'en tire le moins bien, avec une fracture du poignet.

Erik Zabel, le vainqueur, n'a même pas levé les bras, comme si sa victoire lui paraissait irréelle, car c'est la plus belle de sa vie. Les sprinters rajeunissent leurs cadres, et le jeune Allemand (24 ans) est déjà l'un des plus performants de la nouvelle génération pur-sang. A Tours, il accomplit un véritable exploit. « Dans le dernier kilomètre, Werner et Aldag m'ont emmené comme prévu. Ils roulaient si vite que je n'ai pas pu les suivre. J'ai lancé mon sprint tout seul, à 400 m de la ligne. Ce n'était pas le scénario idéal, mais j'avais de la puissance et j'ai résisté. »

Gianluca Bortolami, revenu fort, n'a pas réussi à le devancer avant la ligne, mais l'Italien dépasse toutefois Johan Museeuw au classement de la Coupe du monde. L'étonnant Polonais Zbigniew Spruch est 3ᵉ, Cipollini 4ᵉ. Jalabert et Nelissen ne se quittent décidément pas : ils sont 8ᵉ et 9ᵉ. Et pensent déjà à la saison 1995, celle d'une totale renaissance durant laquelle il devront toutefois composer avec un nouveau venu. Erik Zabel est bel et bien entré dans la confrérie des sprinters...

Bobrik, quelle émotion !

Milan-San Remo fête le retour du printemps et annonce la saison des classiques. Le Tour de Lombardie marque la fin des grandes courses d'un jour et demeure pour les coureurs italiens le *Mondiale d'autunno*, le championnat du monde d'automne. Ces deux épreuves, largement octogénaires, exercent toujours une profonde fascination sur les tifosi, qui reprochaient cependant aux organisateurs d'avoir vendu l'âme de « la » Lombardie à la foire de Monza ces trois dernières années, devant laquelle elle s'élançait et s'achevait. La réalité économique avait supplanté le romantisme de la course, ce qui chagrinait nombre d'entre eux. Il a suffi que l'arrivée soit jugée au bout d'une belle et interminable ligne droite menant à la Villa Reale, l'ancienne résidence des rois d'Italie, et qu'un final à émotions s'offre aux spectateurs pour que la « course aux feuilles mortes » retrouve une partie de son cachet.

A partir du 80e kilomètre et jusqu'à l'arrivée après 244 kilomètres de course, le parcours est une succession de cols et de côtes dont le sommet du premier d'entre eux, l'Esino Lario, culmine à 1 182 mètres. Quand survient la mythique Madonna del Ghisallo (km 177), où un musée doit être édifié à la gloire du cyclisme, ils ne sont plus qu'une quinzaine de coureurs à pouvoir prétendre à la victoire – il n'y a aucun Français parmi eux.

Dans le col de Brianza, Bjarne Riis « fait » la montée. Le Danois est un fameux coursier. « Un guerrier, un solide équipier, comme je les appréciais », a dit un jour Bernard Hinault. Il prépare le terrain pour Vladislav Bobrik, « l'autre » Russe de la Gewiss, qui roule à l'ombre d'Evgueni Berzin. « Vlad » est né le 6 janvier 1971 à Novosibirsk, en Sibérie occidentale. Il a grandi à Simféropol, en Crimée, où ses parents travaillent dans une usine de télécommunications. De 14 à 20 ans, Bobrik et Berzin ont appris leur métier dans la rude école d'Alexandre Kuznetsov à Saint-Pétersbourg ; ils ont signé ensemble leur premier contrat professionnel en 1993, avec l'équipe Mecair, devenue Gewiss l'année suivante, et ont habité la même maison à Broni, au cœur d'une région de vignobles située au sud de Milan. « Nos rapports sont plus lointains, plus froids. Nous étions très bons amis, mais il a vraiment changé, dit Bobrik de Berzin. Sa gloire, son argent y sont sûrement pour quelque chose. Moi, ce n'est pas la gloire qui me fait courir, seulement l'argent, nuance-t-il. Avec ce que je gagne sur le vélo, je fais vivre toute ma famille en Russie. »

Riis, au service de Bobrik.

Pascal Richard en vedette.

Bobrik est donc parti dans la Brianza, et Maurizio Fondriest, qui sent le danger, prend l'initiative de la poursuite. Le groupe éclate, mais Bobrik est réjoint dans la descente. « Je marchais bien et j'avais confiance en moi », dira-t-il plus tard, persuadé qu'il n'avait pas brûlé là toute son énergie. Le premier rôle revient alors à Pascal Richard. Le Suisse attaque dans l'ascension du Lissolo, exactement comme en 1993, lorsqu'il avait construit son succès dans le Tour de Lombardie. Le sommet du Monticello se trouve à 20 kilomètres

Chiappucci, longtemps menaçant.

Bobrik, fin de saison en fanfare.

de Monza. Richard n'a pas attendu ce point stratégique de la course pour se débarrasser du Polonais Zenon Jaskula, troisième du Tour de France 1993.

Derrière le coureur de tête, la mésentente règne, et Chiappucci ne décolère pas. Fini les bavardages, le brave Claudio accélère violemment. En vain. A 10 kilomètres de l'arrivée, Richard possède 50" d'avance sur le groupe de contre-attaque. Une seconde occasion de revenir sur Richard s'ouvre à Chiappucci, à moins de 5 kilomètres de l'arrivée: cette fois, il ne manque pas de la saisir. Comme il se l'est promis, Bobrik a attaqué. «Il diablo» s'est jeté dans sa roue comme un mort de faim et lui a proposé, dans son immense générosité, un premier long relais. Les deux hommes collaborent à merveille. Richard est en danger. Bobrik et Chiappucci passent sous la flamme rouge annonçant le dernier kilomètre 13" seulement après Richard. Pauvre Pascal, ses forces l'abandonnent. Il semble collé à la route quand, à 150 mètres de la ligne, Bobrik s'écarte sur la partie droite de la chaussée et porte un terrible démarrage. Chiappucci est battu. Il termine deuxième, une fois de plus. La casquette du jeune Russe s'envole alors qu'il lève les bras en signe de victoire. Quel magnifique final! Richard sèche ses larmes et explique: «Sur le moment, le coup a été terrible. Perdre une course de cette façon! Mais je ne dois pas avoir de regret: j'ai donné tout ce que j'avais.»

Bobrik se penche déjà vers l'avenir, puisqu'il en a un. Et un vrai. «J'ai beaucoup travaillé, avec sérieux et humilité, et je vais continuer. Mais j'ignore tout de mes possibilités dans un grand Tour et si je peux imiter Berzin.»

Les Italiens n'ont pas gagné le Tour de Lombardie depuis la performance de Moreno Argentin en 1987, mais ils n'ont pas tout perdu non plus. Le classement final de la Coupe du Monde revient en effet à Gianluca Bortolami, 26 ans. Le Milanais, qui dit avoir été pendant des années un «tifoso de Michel Platini», remportait un premier succès de prestige le 8 juillet à Rennes, dans le Tour, et ratait le maillot jaune pour… 1"! Sur sa lancée, il réussissait un grand mois d'août marqué par sa domination dans deux courses de Coupe du Monde: la Leeds International Classic et le Championnat de Zurich. Depuis la création de la compétition en 1989, les Transalpins l'ont emporté à quatre reprises. Miguel Indurain est le meilleur coureur de la planète, et les Français ont réalisé un très bon Tour, mais c'est bien l'Italie, richement pourvue en coureurs de talent et en équipes remarquablement structurées, qui reste LA référence.

A Bortolami la Coupe du Monde.

LES RÉSULTATS

CYCLO-CROSS

CHAMPIONNATS DE FRANCE
(9 janvier à Sablé-sur-Sarthe)

SENIORS. **1. Arnould** (Castorama) 1 h 06' 25''; 2. Bonnand (Ile-de-France) à 1' 04''; 3. Pagnier (Bic) 1' 14''; 4. Magnien (Castorama) 1' 54''; 5. Daniel (Bic) 2' 20''; 6. Cailleau (Flandre-Artois) 3' 19''; 7. Duval (Champagne-Ardennes) 3' 30''; 8. Laurance (Normandie) 3' 39''; 9. Almansa (Midi-Pyrénées) 3' 39''; 10. Join (Ile-de-France) 3' 56''.

ESPOIRS. **1. Halgand** (Dauphiné-Savoie) 46' 50''; 2. Loigerot (Picardie) à 1' 17''; 3. Morel (Dauphiné-Savoie) 1' 20''.

JUNIORS. **1. Martinez** (Ile-de-France) 36' 26''; 2. Lelève (Flandre-Artois) à 1' 24''; 3. Cougé (Pays de Loire) 2' 36''.

CHAMPIONNATS DU MONDE
(30 janvier à Koksijde, Belgique)

SENIORS OPEN: **1. Paul Herijgers** (Belg. Saxon), en 1 h 0' 38''; 2. Groenendaal (PB), à 8''; 3. Vervecken (Belg.) à 39'', 4. Pontoni (It.) à 50''; 5. Van Der Poel (PB), à 1' 12''; 6. Bonnand (Fr.), à 1' 25''; 7. Frischknecht (Suisse), à 1' 32''; 8. Janssens (Belg.) à 1' 36''; 9. Simunek (Rép. tch.) à 1' 37''; 10. De Bie (Belg.) à 1' 41''.

CLASSEMENT PAR ÉQUIPES: 1. Belgique, 12 pts; 2. Pays-Bas, 19; 3. France, 48; 4. Allemagne, 51; 5. République tchèque, 52.

JUNIORS: **1. Gretenius Gommers** (PB), 39' 48''; 2. Ausbuher (Rép. tch.) à 24''; 3. Berden (Belg.), à 1'; 4. Nijs (Belg.), à 1' 24''; 5. Susemitch (Rép. tch.), à 1' 27''.

CLASSEMENT PAR ÉQUIPES: 1. Belgique, 13 pts; 2. République tchèque, 14; 3. Pays-Bas, 34; 4. Pologne, 44; 5. France, 54.

ROUTE

RUTA MEXICO
(17-30 janvier)

ÉTAPES REMPORTÉES PAR: Leoni (It.), Gomez (Mex.), Speaks (EU), Motorola, c.l.m. par équipes: Ochoa (Col.), A. Gonzalez (Esp.), L. A. Gonzalez (Col.), Schiavina (It.), Alcala (Mex.), Werner (All.), Speaks (EU), Ochoa (Col.), Artunghi (It.).

CLASSEMENT FINAL: **1. Raul Alcala** (Mex., Motorola), 44 h 11' 47''; 2. Arroyo (Mex.), à 22''; 3. Sierra (Col.), à 51''; 4. Ochoa (Col.), à 2' 11''; 5. Espinosa (Esp.), à 3' 5''; 6. L.A. Gonzalez (Col.), à 11' 23''; 7. Graciano (Mex.), à 12' 52''; 8. Sanabria (Col.), à 13' 19''; 9. Robles (Mex.), à 14' 6''; 10. A. Moreno (Col.), à 14' 18''.

GRAND PRIX D'OUVERTURE LA MARSEILLAISE À GARDANNE
(1er février)

1. Gilles Delion (Fr., Castorama), les 135 km en 3 h 33' 10''; 2. W. Nelissen (Belg.), à 12''; 3. Simon (Fr.); 4. Tchmil (Moldavie); 5. Van Petegem (Belg.).

ÉTOILE DE BESSÈGES
(2-6 février)

1re ÉTAPE, Vergèze - Vergèze: **1. Wilfried Nelissen** (Belg. Novémail), les 128 km en 3 h 22' 41''; 2. Van Poppel (PB), m.t.; 3. Capelle (Fr.), m.t.

2e ÉTAPE, Nîmes - Aigues-Mortes: **1. Jean-Paul Van Poppel** (PB, Festina), les 129 km en 3 h 23' 42''; 2. Van Petegem (Belg.), m.t.; 3. Moreau (Fr.), m.t.

3e ÉTAPE, GP du Casino des Fumades: **1. Wilfried Nelissen** (Belg. Novémail), les 122 km en 3 h 9' 36''; 2. Capelle (Fr.), à 2' 1''; 3. Corvers (Belg.), à 2' 2''.

4e ÉTAPE, Joyeuse - Joyeuse: **1. Nico Verhoeven** (PB, Novémail), les 138 km en 3 h 15' 22''; 2. Garmendia (Esp.), m.t.; 3. Boussard (Fr.), m.t.

5e ÉTAPE, Bessèges - Bessèges: **1. Jean-Pierre Heynderickx** (Belg., Collstrop), les 142 km en 3 h 31' 8''; 2. Capelle (Fr.), m.t.; 3. Van Petegem (Belg.), m.t.

CLASSEMENT FINAL: **1. Jean-Paul Van Poppel** (PB, Festina), 16 h 50' 37''; 2. Leroscouët (Fr.), m.t.; 3. Chaubet (Fr.), m.t.; 4. Van Petegem (Belg.), à 8''; 5. Duclos-Lassalle (Fr.); 6. Moreau (Fr.); 7. Manin (Fr.); 8. Mottet (Fr.), t.m.t.; 9. Pontier (Fr.) à 48''; 10. Hoffman (Fr.) à 57''.

TOUR DE MAJORQUE
(2-6 février en Espagne)

1. Francisco Cabello (Esp. Kelme); 23 h 28' 14''; 2. D. Garcia (Esp.), à 14''; 3. Llaneras (Esp.), à 18''; 4. Casero (Esp.); 5. Ahedo (Esp.); 6. Gaston (Esp.), t.m.t.; 7. K. Garcia (Esp.), à 44''; 8. Fernandez (Esp.); 9. Escartin (Esp.), m.t.; 10. R. Garcia (Esp.), m.t.

TOUR MÉDITERRANÉEN
(8-13 février)

1re ÉTAPE, Béziers - Béziers, c.l.m. par équipes: 1. GB-MG (It.), les 20 km en 24' 44''; 2. Gewiss-Ballan (It.), à 2''; 3. Mapei-Clas (It.), à 22''.

2e ÉTAPE, Béziers-Lattes: **1. Wiebren Veenstra** (PB, Collstrop), les 99 km en 2 h 20' 25''; 2. Baldato (It.), m.t.; 3. W. Nelissen (Belg.), m.t.

3e ÉTAPE, Carnon - Vitrolles: **1. Wilfried Nelissen** (Belg. Novémail), les 163 km en 4 h 13' 17''; 2. Capiot (Belg.), m.t.; 3. Moncassin (Fr.), m.t.

4e ÉTAPE, Marignane - Pierrefeu: **1. Davide Cassani** (It., GB-MG), les 100 km en 2 h 13' 17''; 2. Baldato (It.), m.t.; 3. Museeuw (Belg.), à 3''.

5e ÉTAPE, Pierrefeu - Antibes: **1. Mario Cipollini** (It., Mercatone), les 135 km en 3 h 20' 32''; 2. Baldato (It.), m.t.; 3. Gontchenkov (Rus.), m.t.

6e ÉTAPE, Le Cannet - Hyères: **1. Mario Cipollini** (It., Mercatone), les 109 km en 2 h 31' 49''; 2. W. Nelissen (Belg.), m.t.; 3. Lombardi (It.), m.t.

7e ÉTAPE, Hyères - Mont Faron: **1. Davide Cassani** (It., GB-MG), les 32,6 km en 46' 59''; 2. Berzin (Russie), à 12''; 3. Belli (It.), à 20''.

8e ÉTAPE, Toulon - Marseille: **1. Frank Vandenbroucke** (Belg.), les 84 km en 1 h 42' 42''; 2. Spruch (Pol.), à 3''; 3. Cassani (It.), à 6''.

CLASSEMENT FINAL: **1. Davide Cassani** (It., GB-MG), 17 h 33' 47''; 2. Berzin (Russie) à 53''; 3. Brochard (Fr.), à 1' 28''; 4. Noe (It.), à 1' 39''; 5. Mottet (Fr.), à 1' 50''; 6. Vandenbroucke (Belg.), à 1' 55''; 7. Sciandri (It.), à 1' 57''; 8. Bugno (It.), à 2' 4''; 9. Petito (It.), à 2' 17''; 10. Lance (Fr.), à 2' 22''.

RUTA DEL SOL
(8-13 février en Espagne)

1re ÉTAPE: Chiclana - Chiclana: **1. Agel Edo** (Esp. Kelme), les 118 km en 3 h 11' 46''; 2. Baffi (It.), m.t.; 3. Gutierrez (Esp.), m.t.

2e ÉTAPE: Trebujena - Dos Hermana: **1. Adriano Baffi** (It., Mercatone), les 173 km en 5 h 8' 49''; 2. Wust (All.), m.t.; 3. M. De Clercq (Belg.), m.t.

3e ÉTAPE, Moron de la Frontera - Torrox Costa: **1. Adriano Baffi** (It. Mercatone), les 202,3 km en 5 h 41' 45''; 2. Guenetxea (Esp.), m.t.; 3. Planckaert (Belg.), m.t.

4e ÉTAPE, Torrox - Costa: **1. Stefano Della Santa** (It., Mapei-Clas), les 156 km en 5 h 23' 8''; 2. Roosen (Belg.), à 41''; 3. Cabello (Esp.), à 1' 10''.

5e ÉTAPE, Jaen - Jaen: **1. Jan Svorada** (Slovaquie, Lampre), les 80 km en 1 h 49' 27''; 2. Baguet (Belg.), m.t.; 3. Bartoli (It.), m.t.

6e ÉTAPE, c.l.m. à Jaen: **1. Stefano Della Santa** (It., Mapei-Clas), les 6,8 km en 8' 56''; 2. Ekimov (Russie), à 1''; 3. Baffi (It.), à 1''.

7e ÉTAPE, Torredonjimento - Grenade: **1. Adriano Baffi** (It., Mercatone), les 124 km en 3 h 6' 55''; 2. Planckaert (Belg.), m.t.; 3. Edo (Esp.), m.t.

CLASSEMENT FINAL: **1. Stefano Della Santa** (It. Mapei Clas), 24 h 31' 14'', 2. Roosen (Belg.), à 1' 17''; 3. Cabello (Esp.), à 1' 17''; 4. Hamburger (Dan.), à 1' 43''; 5. Ekimov (Russie), à 1' 50''; 6. Sanchez (Esp.), à 3' 33''. 7. Edo (Esp.), à 3' 26''; 8. Fernandez (Esp.), à 3' 58''; 9. De Bakker (PB), à 4' 17''; 10. M.A. Martinez (Esp.), à 4' 28''.

TROPHÉE LAIGUEGLIA
(15 février en Italie)

1. Rolf Sörensen (Dan. GB-MG), les 158 km en 4 h 1' 35''; 2. Chiurato (It.); 3. Berzin (Russie); 4. Vandenbroucke (Belg.); 5. Cassani (It.).

MONTE-CARLO-ALASSIO
(16 février)

1. Adriano Baffi (It., Mercatone), les 175,5 km en 4 h 35'; 2. Zanini (It.); 3. Anderson (Austr.); 4. Calcaterra (It.); 5. Bortolami (It.).

CLASICO HARIBO, MARSEILLE-UZÈS
(16 février)

1. Erik Zabel (All. Telekom), les 162 km en 3 h 59' 59''; 2. Abdoujaparov (Ouz.); 3. Museeuw (Belg.); 4. Hincapie (EU); 5. W. Nelissen (Belg.).

TOUR DU HAUT VAR
(19 février)

1. Laurent Brochard (Fr., Castorama), les 199 km en 5 h 19' 10''; 2. Seigneur (Fr.), à 1' 20''; 3. Pensec (Fr.), à 1' 26''; 4. Delion (Fr.), à 1' 38''; 5. Manin (Fr.); 6. Pellicioli (It.), t.m.t.; 7. Virenque (Fr.), à 1' 44''; 8. Van Hooydonck (Belg.), à 3' 5''; 9. M. Madiot (Fr.); 10. Armstrong (EU).

TROPHÉE LUIS-PUIG
(20 février en Espagne)

1. Adriano Baffi (It., Mercatone), les 201 km en 5 h 28' 6''; 2. Jalabert (Fr.); 3. Anderson (Austr.); 4. Edo (Esp.); 5. Frattini (It.).

RONDE D'AIX-EN-PROVENCE
(20 février)

1. Gilbert Duclos-Lassalle (Fr., Gan), les 77 km en 1 h 45'; 2. Durand (Fr.), m.t.; 3. Bagot (Fr.), à 10''.

SEMAINE SICILIENNE
(19-24 février en Italie)

ÉTAPES REMPORTÉES PAR: Massi (It.), G. Furlan (It.), Fondriest (It.), Roscioli (It.), Cipollini (It.), Elli (It.).

CLASSEMENT FINAL: **1. Rodolfo Massi** (It., Amore e Vita), 24 h 35' 3''; 2. Coppolillo (It.), à 27''; 3. Berzin (Russie), à 30''; 4. Roscioli (It.), à 1' 30''; 5. Elli (It.), à 2' 3''.

TOUR DE VALENCE
(22-27 février en Espagne)

ÉTAPES REMPORTÉES PAR: Baffi (It.), Ekimov (Russie), Baffi (It.), Baffi (It.), Baffi (It.). M. Indurain (Esp.)

CLASSEMENT FINAL: **1. Viatcheslav Ekimov** (Russie, Novémail-Laser), 24 h 34' 6''; 2. M. Indurain (Esp.), à 10''; 3. Rominger (Suisse), à 11''; 4. Mauri (Esp.), à 20''; 5. G. Bontempi (It.), à 32''.

CIRCUIT DU HET VOLK
(26 février en Belgique)

1. Wilfried Nelissen (Belg., Novémail-Laser), les 200 km en 4 h 48'; 2. Moncassin (Fr.); 3. Kappes (All.); 4. Museeuw (Belg.); 5. Tchmil (Russie); 6. Virenque (Fr.): 7. Zabel (All.); 8. M. De Clercq (Belg.); 9. Capiot (Belg.): 10. Redant (Belg.), t.m.t.

TROPHÉE PANTALICA
(26 février en Italie)

1. Giorgio Furlan (It., Gewiss-Ballan), les 194 km en 5 h 30'; 2. Spruch (Pol.), à 1' 18''; 3. Bugno (It.); 4. Richard (Suisse); 5. Berzin (Russie), t.m.t.

KUURNE-BRUXELLES-KUURNE
(27 février en Belgique)

1. Johan Museeuw (Belg., GB-MG), les 206 km en 5 h 2' 20''; 2. Capiot (Belg.); 3. Ludwig (All.); 4. Eeckhout (Belg.); 5. Redant (Belg.), t.m.t.

TOUR DE L'ETNA
(27 février en Italie)

1. Stefano Zanini (It., Navigare), les 170 km en 4 h 16'; 2. Fondriest (It.): 3. Rebellin (It.); 4. Molinari (It.); 5. Bugno (It.), t.m.t.

PARIS-NICE
(6-13 mars)

1re ÉTAPE, Fontenay-sous-Bois - Orléans: **1. Mario Cipollini** (It., Mercatone), les 189 km en 5h5' 57''; 2. Baldato (It.); 3. Leoni (It.).

2e ÉTAPE, Gien - Nevers: **1. Fabio Baldato** (It., GB-MG), les 161 km en 3h40' 41''; 2. Cipollini (It.), 3. Abdoujaparov (Ouz.);

3e ÉTAPE, Nevers - Clermont-Ferrand: **1. Djamolidine Abdoujaparov** (Ouz., Polti), les 202 km en 5h38' 4''; 2. Baldato (It.); 3. Cipollini (It.).

4e ÉTAPE, Clermont-Ferrand - Saint-Étienne: **1. Fabio Baldato** (It., GB-MG), Les 156 km en 4h17' 11''; 2. Fidanza (It.), à 1''; 3. Biasci (It.).

5e ÉTAPE, Saint-Étienne - Vaujany: **1. Pascal Richard** (Suisse), les 199 km en 5h43' 17''; 2. Ekimov (Russie), à 21''; 3. Rominger (Suisse).

6e ÉTAPE, Beaumes-de-Venise - Marseille: **1. Mario Cipollini** (It., Mercatone), les 195 km en 5h4' 33''; 2. Abdoujaparov (Ouz.); 3. Jalabert (Fr.).

7e ÉTAPE, Toulon - Mandelieu: **1. Charly Mottet** (Fr., Novémail-Laser), les 199 km en 5h4' 32''; 2. Montoya (Esp.), à 13''; 3. Pensec (Fr.), à 19''.

8e ÉTAPE, (1er secteur): **1. Djamolidine Abdoujaparov** (Ouz.), les 100 km en 2h19' 3''; 2. Cipollini (It.); 3. Jalabert (Fr.).

8e ÉTAPE, (2e secteur c.l.m. ind.): **1. Tony Rominger** (Suisse, Mapei-Clas), les 12,5 km en 22' 6''; 2. Montoya (Esp.), à 42''; 3. Zülle (Suisse), à 46''.

CLASSEMENT FINAL: **1. Tony Rominger** (Suisse), 37h16' 15''; 2. Montoya (Esp.), à 36''; 3. Ekimov (Russie), à 1' 30''; 4. Pensec (Fr.), à 1' 41''; 5. Roux (Fr.), à 1' 53''; 6. Aparicio (Esp.), à 2' 36''; 7. Richard (Suisse), à 2' 47''; 8. Bernard (Fr.), à 2' 53''; 9. Bugno (It.), à 3'; 10. Seigneur (Fr.), à 3' 11''.

TOUR DE MURCIE
(8-13 mars en Espagne)

ÉTAPES REMPORTÉES PAR: Boardman (GB), prol., Lombardi (It.), H. Diaz Zabala (Esp.), Lombardi (It.), Colona (It.), Boardman (GB), c.l.m. ind.

CLASSEMENT FINAL: **1. Melchor Mauri** (Esp.), 17h52' 2''; 2. Garmendia (Esp.), à 23''; 3. Diaz Zabala (Esp.), à 31''; 4. Noe (It.), à 38''; 5. Rojas (Esp.), à 40''.

TIRRENO - ADRIATICO
(9-16 mars en Italie)

1re ÉTAPE, Nettuno - Anzio: **1. Adriano Baffi** (It., Mercatone), les 100 km en 2h22' 31''; 2. Vanderaerden (Belg.), m.t.; 3. Konichev (Russie), m.t.

2e ÉTAPE, Santa Marinella - Manciano: **1. Giorgio Furlan** (It. Gewiss), les 186 km en 5h1' 25''; 2. Petito (It.), m.t.; 3. Chiurato (It.), m.t.

3e ÉTAPE, Capalbio - Cecina: **1. Mario Manzoni** (It., Brescialat), les 199 km en 5h18' 35'': 2. Schiavina (It.), m.t.; 3. Baffi (It.), m.t.

4e ÉTAPE, Marina di Cecina - Cecina: **1. Jesper Skibby** (Dan. TVM), les 180 km en 4h41' 23''; 2. Strazzer (It.), m.t.; 3. Konichev (Russie), m.t.

5e ÉTAPE, Bolgheri - Castiglion Fibocchi: **1. Stefano Zanini** (It., Navigare), les 191 km en 4h47' 15''; 2. Colage (It.), m.t.; 3. Furlan (It.), m.t.

6e ÉTAPE, Assise - Montemonaco; **1. Giorgio Furlan** (It., Gewiss), les 137 km en 3h46' 34''; 2. Berzin (Russie), à 31''; 3. Colage (It.), à 38''.

7e ÉTAPE, Montegranaro - Monte Urano: **1. Giorgio Furlan** (It., Gewiss), les 167 km en 4h15' 41''; 2. Colage (It.), m.t.; 3. Berzin (Russie), m.t.

8e ÉTAPE, à San Benedetto del Tronto: **1. Roberto Pagnin** (It., Navigare), les 195 km en 4h39' 13''; 2. Fontanelli (It.), m.t.; 3. Konichev (Russie), m.t.

CLASSEMENT FINAL: **1. Giorgio Furlan** (It., Gewiss), 34h52' 20''; 2. Berzin (Rus.), à 47''; 3. Colage (It.), à 53''; 4. Elli (It.), à 1' 7''; 5. Casagrande (It.), à 1' 10''; 6. Sörensen (Dan), à 1' 21''; 7. Chiappucci (It.) à 1' 22''; 8. Massi (It.), m.t.; 9. Della Santa (It.), à 1' 23''; 10. Zanini (It.), à 1' 24''.

MILAN - SAN REMO
(19 mars en Italie)

1. Giorgio Furlan (It., Gewiss-Ballan), les 294 km en 7h5' 37''; 2. Cipollini (It.) à 20''; 3. Baffi (It.); 4. Zanini (It.); 5. Hundertmarck (All.); 6. Baldato (It.); 7. Edo (Esp.); 8. Fontanelli (It.); 9. Tchmil (Russie); 10. Jalabert (Fr.).

COUPE DU MONDE
(après la première épreuve)

1. Giorgio Furlan (It., Gewiss-Ballan), 50 pts; 2. Cipollini (It.), 35; 3. Baffi (It.), 25;... 10. Jalabert (Fr.), 8.

G.P. CHOLET - PAYS DE LOIRE
(20 mars)

1. Laurent Madouas (Fr., Castorama), les 207 km en 5h26' 59''; 2. Leroscouët (Fr.), à 2''; 3. Van Roosbroeck (Belg.), à 4''; 4. Vandenbroucke (Belg.) à 5''; 5. Peers (Belg.), m.t.

SEMAINE CATALANE
(21-25 mars en Espagne)

ÉTAPES REMPORTÉES PAR: Edo (Esp.), Minali (It.), Della Santa (It.), Baffi (It.), Baffi (It.), Montoya (Esp.), c.l.m. ind.

CLASSEMENT FINAL: **1. Stefano Della Santa** (It., Mapei-Clas), 21h2' 19''; 2. Dufaux (Suisse), à 1' 30''; 3. Hampsten (EU), à 1' 57''; 4. A.Y. Camargo (Col.), à 2' 8''; 5. Aparicio (Esp.), à 2' 16''; 6. Bolts (All.), à 2' 32'': 7. Alcala (Mex.), à 3' 1''; 8. Mejia (Col.), à 3' 11''; 9. Escartin (Esp.), à 3' 16''; 10. G. Petito (It.), m.t.

À TRAVERS LA BELGIQUE
À WAREGEM
(23 mars)

1. Carlo Bomans (Belg. GB-MG), les 207 km en 5h29'; 2. Sergeant (Belg.), à 20''; 3. Willems (Belg.), à 28''; 4. Van Slijcke (Belg.), à 2' 4''; 5. Ludwig (All.), à 2' 21''.

CRITÉRIUM INTERNATIONAL
(26-27 mars)

1re ÉTAPE, Châteauneuf-du-Pape - Perthuis: **1. Eddy Bouwmans** (PB, Novémail-Laser), les 191,5 km en 4h41' 08''; 2. Jalabert (Fr.), à 4''; 3. De Las Cuevas (Fr.).

2e ÉTAPE, Pernes-les-Fontaines - Cheval Blanc (sommet de Vidauque): **1. Giorgio Furlan** (It., Gewiss), les 94,5 km en 2h29' 8''; 2. Rominger (Suisse), à 35''; 3. Berzin (Russie), m.t.

3e ÉTAPE, c.l.m. à Avignon: **1. Evgueni Berzin** (Russie, Gewiss), les 12,5 km en 14' 22''; 2. Rominger (Suisse), à 3''; 3. De Las Cuevas (Fr.) à 8''.

CLASSEMENT FINAL: **1. Giorgio Furlan** (It., Gewiss), 7h25' 1''; 2. Rominger (Suisse), à 16''; 3. Berzin (Russie), à 16''; 4. Elli (It.), à 50''; 5. Chiappucci (It.), à 1' 22''; 6. De Las Cuevas (Fr.), à 1' 29''; 7. Casagrande (It.), à 1' 33''; 8. Heulot (Fr.), à 1' 47''; 9. Jalabert (Fr.), à 1' 53''; 10. Colage (It.), à 1' 59''.

G.P. «E-3» À HARELBEKE
(26 mars en Belgique)

1. Andreï Tchmil (Russie, Lotto), les 206 km en 5h15' 30''; 2. Ekimov (Russie) à 8''; 3. Martinello (It.), à 10''; 4. Museeuw (Belg.); 5. Bortolami (It.).

FLÈCHE BRABANÇONNE
(27 mars en Belgique)

1. Michel Bartoli (It. Mercatone Uno), les 185 km en 4h35' 45''; 2. Den Bakker (PB), m.t.; 3. Bugno (It.), à 10''; 4. Tchmil (Rus.); 5. Van Hooydonck (Belg.).

TROIS JOURS DE LA PANNE
(29-31 mars en Belgique)

ÉTAPES REMPORTÉES PAR: Abdoujaparov (Ouzb.), Tchmil (Russie), Abdoujaparov (Ouzb.), Maassen (PB).

CLASSEMENT FINAL: **1. Fabio Roscioli** (It., Brescialat), 12h57' 14''; 2. Abdoujaparov (Ouzb.), à 10''; 3. Maassen (PB), à 25''; 4. G. Bontempi (It.), à 28''; 5. Ekimov (Russie), 53''.

TOUR DES FLANDRES
(3 avril en Belgique)

1. Gianni Bugno (It., Polti), les 268 km en 6h46' 20''; 2. Museeuw (Belg.); 3. Tchmil (Russie); 4. Ballerini (It.), t.m.t.; 5. Capiot (Belg.), à 1' 11''; 6. Baldato (It.), à 1' 54''; 7. G. Bontempi (It.); 8. Sergeant (Belg.); 9. Van Hooydonck (Belg.); 10. Corvers (Belg.)

COUPE DU MONDE
(après deux épreuves)

1. Gianni Bugno (It., Polti), et **Giorgio Furlan** (It., Gewiss), 50 pts; 3. Museeuw (Belg.), 40.

G.P. DE RENNES
(3 avril)

1. Gilles Delion (Fr., Castorama), 5h4' 17''; 2. Aubier (Fr.), à 2''; 3. Pensec (Fr.), à 28''; 4. Davy (Fr.), à 1' 35''; 5. Vandenbroucke (Belg.), à 2' 53''.

TOUR DU PAYS BASQUE
(4-8 avril en Espagne)

ÉTAPES REMPORTÉES PAR: Erik Dekker (PB WordPerfect), Laurent Jalabert (Fr., Once), Tony Rominger (Suisse, Mapei), Davide Cassani (It., GB-MG), Augustin Sagasti (Esp., Euskadi), Tony Rominger (Suisse, Mapei), c.l.m. ind.

CLASSEMENT FINAL: **1. Tony Rominger** (Suisse, Mapei), 23h15' 4''; 2. Berzin (Russie) à 43''; 3. Chiappucci (It.), à 58''; 4. Casagrande (It.), à 1' 35''; 5. Dufaux (Suisse), à 2' 6''; 6. Gelfi (It.), à 2' 12''; 7. Jalabert (Fr.), à 2' 20''; 8. Escartin (Esp.), à 2' 27''; 9. Bolts (All.), à 2' 28''; 10. Bobrik (Russie), à 2' 35''.

PARIS - CAMEMBERT
(5 avril)

1. Armand De Las Cuevas (Fr., Castorama), les 200 km en 6h12' 40'': 2. Mottet (Fr.), m.t.; 3. Brochard (Fr.), à 46''; 4. Leroscouët (Fr.); 5. Thijs (Belg.).

GAND - WEVELGEM
(6 avril en Belgique)

1. Wilfried Peeters (Belg., GB-MG), les 210 km en 5h8'; 2. Ballerini (It.), m.t.; 3. Museeuw (Belg.), à 16''; 4. Tchmil (Rus.); 5. Abdoujaparov (Ouzb.); 6. Spruch (Pol.); 7. Konichev (Russie); 8. Sciandri (It.); 9. Roscioli (It.); 10. Nulens (Belg.), t.m.t.

CIRCUIT DE LA SARTHE
(6-9 avril)

ÉTAPES REMPORTÉES PAR: Nazon (Fr.), Thijs (Bel.), Brochard (Fr.), Heulot (Fr.), Davy (Fr.).

CLASSEMENT FINAL: **1. Stéphane Heulot** (Fr., Banesto), 16h27' 47''; 2. Brochard (Fr.), à 33''; 3. Thijs (Bel.), à 51''; 4. Robin (Fr.), à 56''; 5. P. Indurain (Esp.), 1' 53''.

G.P. DE DENAIN
(7 avril)

1. Jans Koerts (PB, Festina), les 191,5 km en 4h38' 25''; 2. Michaelsen (Dan.); 3. Holm (Dan.): 4. Kappes (All.); 5. Aubier (Fr.).

G.P. CERAMI À WASMUEL
(8 avril en Belgique)

1. Michel Bartoli (It., Mercatone), les 186,4 km en 4h33'; 2. Scinto (It.), m.t.; 3. Martinello (It.), à 1' 8''; 4. Leysen (Belg.), m.t.; 5. Dernies (Belg.), m.t.

PARIS - ROUBAIX
(10 avril)

1. Andreï Tchmil (Russie, Lotto), les 270 km en 7h28' 2''; 2. Baldato (It.), à 1' 13''; 3. Ballerini (It.), m.t.; 4. Ludwig (All.), à 1' 26''; 5. Yates (GB); 6. Capiot (Belg.); 7. Duclos-Lassalle (Fr.), t.m.t.; 8. Willems (Belg.), à 1' 31''; 9. Andreu (EU), à 4' 14''; 10. Verhoeven (PB), m.t.

COUPE DU MONDE
(après trois épreuves)

1. Andreï Tchmil (Rus, Lotto), 85 pts; 2. Baldato (It.), 67; 3. Bugno (It.) et Furlan (It.), 50.

TOUR D'ARAGON
(12-17 avril en Espagne)

ÉTAPES REMPORTÉES PAR: Bobrik (Russie), Zabel (All.) (3), Pierobon (It.), Zülle (Suisse), Ludwig (All.).

CLASSEMENT FINAL: **1. Marino Alonso** (Esp., Banesto), 26h17' 2''; 2. Mauri (Esp.), à 7''; 3. J. Rodriguez (Esp.), à 13''; 4. Hodge (Austr.), à 15''; 5. Breukink (PB), à 19''.

G.P. DE L'ESCAUT À SCHOTEN
(13 avril en Belgique)

1. Peter Van Petegem (Belg., Trident), les 203 km en 4h44'; 2. De Wolf (Belg.), à 6'';

3. Abdoujaparov (Ouzb.), à 14''; 4. Baffi (It.), m.t.; 5. Nijdam (PB), à 15''.

TOUR DU VAUCLUSE
(13-17 avril)

ÉTAPES REMPORTÉES PAR : Chauvière (Fr.), Fraser (Can.), 2. Lehnert (All.), Pontier (Fr.).

CLASSEMENT FINAL: **1. Blaise Chauvière** (Fr. amat., Vendée U), 20h2' 59''; 2. Trkral (Rép. tch.), à 4''; 3. Zemke (All.), à 7''; 4. Lamour (Fr.); 5. Colotti (Fr.), t.m.t.

LIÈGE - BASTOGNE - LIÈGE
(17 avril en belgique)

1. Evgueni Berzin (Russie, Gewiss), les 268,5 km en 7h16' 30''; 2. Armstrong (EU), à 1' 37''; 3. G. Furlan (It.); 4. Chiappuci (It.); 5. Della Santa (It.), t.m.t.; 6. Rominger (Suisse), à 2' 33''; 7. Sciandri (It.), à 5' 38''; 8. Saligari (It.), à 5' 42''; 9. Cenghialta (It.), à 5' 52'': 10. Elli (It.), à 5' 58''.

COUPE DU MONDE
(après quatre épreuves)

1. Andreï Tchmil (Russ. Lotto), 91 pts; 2. Furlan (It.); 75; 3. Baldato (It.), 67.

FLÈCHE WALLONNE
(21 avril en Belgique)

1. Moreno Argentin (It., Gewiss-Ballan), les 206 km en 4h56'; 2. G. Furlan (It.), m.t.; 3. Berzin (Russie), à 22''; 4. Bugno (It.), à 1' 14''; 5. Della Santa (It.), m.t.; 6. Casagrande (It.), à 1' 23''; 7. Chiappucci (It.), m.t.; 8. Cassani (It.), à 1' 29''; 9. Pensec (Fr.), à 1' 35'': 10. Giovannetti (It.), à 1' 39''.

TOUR DE LA CÔTE PICARDE
(22 avril)

1. Laurent Roux (Fr., Castorama), les 186 km en 4h18' 20''; 2. Steels (Bel.), à 9''; 3. Kirsipuu (Estonie); 4. Van Brabant (Bel.); 5. Michaelsen (Dan.), t.m.t.

AMSTEL GOLD RACE
(23 avril aux Pays-Bas)

1. Johan Museeuw (Belg., GB-MG), les 250 km en 6h42' 34''; 2. Cenghialta (It.), m.t.; 3. Saligari (It.), à 7''; 4. Volpi (It.); 5. Rebellin (It.); 6. Rooks (PB); 7. Chiappucci (It.); 8. Rué (Fr.): 9. Virenque (Fr.); 10. Rous (Fr.), t.m.t.

COUPE DU MONDE
(après cinq épreuves)

1. Andreï Tchmil (Russie), 97 pts; 2. Museeuw (Belg.), 90; 3. Furlan (It.), 75.

TOUR DE VENDÉE
(24 avril)

1. Patrick Van Roosbroeck (Belg., Trident), les 206 km en 5h13' 51''; 2. M. De Clercq (Belg.); 3. Spaenhoven (Belg.); 4. Haghedooren (Belg.); 5. Planckaert (Belg.).

TOUR D'ESPAGNE
(25 avril - 15 mai)

1re ÉTAPE, prologue à Valladolid: **1. Tony Rominger** (Suisse, Mapei), les 9 km en 10' 35''; 2. Zülle (Suisse), à 20''; 3. Mauri (Esp.), à 24''.

2e ÉTAPE, Valladolid - Salamanque: **1. Laurent Jalabert** (Fr., Once), les 178,4 km en 4h34' 53''; 2. Edo (Esp.); 3. Leoni (It.).

3e ÉTAPE, Salamanque - Carceres: **1. Laurent Jalabert** (Fr., Once), les 239,3 km en 5h53' 27''; 2. Van Poppel (PB); 3. Baffi (It.).

4e ÉTAPE, Almendralejo - Cordoue: **1. Endrio Leoni** (It., Jolly), les 235,6 km en 6h36' 33''; 2. Skibby (Dan.); 3. Jalabert (Fr.).

5e ÉTAPE, Cordoue - Grenade: **1. Laurent Jalabert** (Fr., Once), les 166,9 km en 4h24' 10''; 2. Leoni (It.); 3. Edo (Esp.).

6e ÉTAPE, Grenade - Sierra Nevada: **1. Tony Rominger** (Suisse, Mapei), les 151 km en 4h18' 9''; 2. Cubino (Esp.), à 54''; 3. M. Zarrabeitia (Esp.), m.t.

7e ÉTAPE, Baza - Alicante: **1. Simone Biasci** (It., Mercatone), les 256,5 km en 6h8' 3''; 2. A. Diaz (Esp.), m.t.; 3. Vermote (Belg.), à 1' 9''.

8e ÉTAPE, c. t.m. ind. à Benidorm: **1. Tony Rominger** (Suisse, Mapei), les 39,5 km en 48' 44''; 2. Mauri (Esp.), à 53''; 3. Zarrabeitia (Esp.), à 2' 17''.

9e ÉTAPE, Benidorm - Valence: **1. Jean-Paul Van Poppel** (Esp., Festina), les 166 km en 3h55' 9''; 2. J.C. Gonzalez (Esp.); 3. Leoni (It.).

10e ÉTAPE, Igualada - Andorre: **1. Angel-Yesid Camargo** (Col., Kelme), les 205 km en 5h18' 59''; 2. Rominger (Suisse) à 23''; 3. Zülle (Suisse) à 25''.

11e ÉTAPE, Andorre - Cerler: **1. Tony Rominger** (Suisse, Mapei-Clas), les 195 km en 5h42' 50''; 2. Rincon (Col.); à 1''; 3. Zarrabeitia (Esp.), m.t.

12e ÉTAPE, Benasque - Saragosse: **1. Laurent Jalabert** (Fr., Once), les 226 km en 5h44' 39''; 2. Van Poppel (PB); 3. Pelliconi (It.).

13e ÉTAPE, Saragosse - Pampelune: **1. Laurent Jalabert** (Fr., Once), les 201,6 km en 5h24' 29''; 2. Leoni (It.); 3. Edo (Esp.).

14e ÉTAPE, Pampelune - Cruz de la Demanda: **1. Tony Rominger** (Suisse, Mapel-Clas), les 174 km en 4h23' 42''; 2. Rincon (Col.), à 37''; 3. Zülle (Suisse), à 45''.

15e ÉTAPE, Santo Domingo - Santander: **1. Alessio Di Basco** (It., Amore e Vita), les 220 km en 5h44' 29''; 2. Jalabert (Fr.); 3. Pagnin (It.).

16e ÉTAPE, Santander - Lagos de Cavadonga: **1. Laurent Jalabert** (Fr. Once), les 160 km en 3h42' 20''; 2. Torres (Esp.), à 9''; 3. Cepele (Lit.), à 1' 5''.

17e ÉTAPE, Cangas-de-Onis - Alto-Naranco: **1. Bart Voskamp** (PB, TVM), les 150 km en 3h52' 02''; 2. Rominger (Suisse), à 23'', 3. Delgado (Esp.), à 36''.

18e ÉTAPE, Avila - Avila: **1. Giuseppe Calcaterra** (It., Amore e Vita), les 189 km en 5h12' 53''; 2. Coppolillo (It.), à 1''; 3. Zülle (Suisse), à 1' 47''.

19e ÉTAPE, Avila - Ségovie: **1. Marino Alonso** (Esp., Banesto), les 171 km en 4h21' 4''; 2. Pagnin (It.), à 6' 49''; 3. Forconi (It.), à 6' 51''.

20e ÉTAPE, Ségovie - Ségovie, c.l.m. ind.: **1. Tony Rominger** (Suisse, Mapei-Clas), les 53 km en 55' 13''; 2. Mauri (Esp.), à 1' 24''; 3. Aparicio (Esp.), à 1' 45''.

21e ET DERNIÈRE ÉTAPE, Ségovie - Madrid: **1. Laurent Jalabert** (Fr., Once), les 165 km en 4h26' 55''; 2. Vanderaerden (Belg.) 3. Pelliconi (It.).

CLASSEMENT GÉNÉRAL FINAL: **1. Tony Rominger** (Suisse, Mapei-Clas) en 92h7' 48'' (moyenne: 38,333 km/h); 2. Zarrabeitia (Esp.), à 7' 28''; 3. Delgado (Esp.), à 9' 27''; 4. Zülle (Suisse), à 10' 54''; 5. Rincon (Col.) à 13' 09''; 6. Luc Leblanc (Fr.), à 15' 27''; 7. Aparicio (Esp.), à 15' 48''; 8. L. Perez (Esp.) à 16' 46''; 9. Escartin (Esp.), à 16' 54'': 10. A. Camargo (Col.), à 20' 35''.

CLASSEMENT DE LA MONTAGNE: **1. Leblanc**, 158 points; 2. Copolillo, 148; 3. Rominger, 136.

CLASSEMENT PAR POINTS: **1. Jalabert,** 243 points, 2. Rominger, 227; 3. Zülle, 121.

CLASSEMENT PAR ÉQUIPES: **1. Banesto** en 276h42' 43''; 2. Mapei-Clas à 10' 1''; 3. Once à 18' 15''.

TOUR DES APENNINS
(25 avril en Italie)

1. Evgueni Berzin (Russie, Gewiss-Ballan), les 209 km en 5h27' 1''; 2. Chiappuci (It.), m.t.; 3. Della Santa (It.), à 10''; 4. Ghirotto (It.), à 27''; 5. Perona (It.), m.t.

G.P. DE FRANCFORT
(1er mai en Allemagne)

1. Olaf Ludwig (All. Telekom), les 209 km en 5h10' 17''; 2. Kappes (All.); 3. Magnien (Fr.); 4. Tchmil (Russie); 5. Schurer (PB).

QUATRE JOURS DE DUNKERQUE
(3-8 mai)

1re ÉTAPE, Dunkerque - Fontaine-au-Pire: **1. Wilfried Nelissen** (Belg., Novémail); 2. Gontchenkov (Ukr.); 3. Capiot (Belg.).

2e ÉTAPE, Val-Joly - Val-Joly: **1. Wilfried Nelissen** (Belg., Novémail); 2. Capiot (Belg.): 3. Gontchenkov (Ukr.).

3e ÉTAPE, c.l.m. ind. à Val-Joly: **1. Eddy Seigneur** (Gan), les 18,4 km en 22' 13''; 2. Kasputis (Lituanie), à 26''; 3. Thierry Marie (Fr.) à 38''.

4e ÉTAPE, Cambrai - Boulogne: **1. Olaf Ludwig** (All., Telekom); 2. Kappes (All.); 3. Capiot (Belg.)

5e ÉTAPE, St-Martin-les-Boulogne - Dunkerque: **1. Andreas Kappes** (All., Trident); 2. Nelissen (Belg.); 3. Ludwig (All.).

6e ÉTAPE, Lille - Cassel: **1. Emmanuel Magnien** (Fr., Castorama); 2. Tchmil (Russie); 3. Ludwig (All.).

7e ÉTAPE, Dunkerque - Dunkerque: **1. Jeroen Blijlevens** (PB, TVM); 2. Zabel (All.); 3. Lombardi (It.).

CLASSEMENT GÉNÉRAL FINAL: **1. Eddy Seigneur** (Gan), en 27h3' 38''; 2. Ludwig (All., Telekom), à 24''; 3. Tchmil (Russie, Lotto), à 24''; 4. Marie (Fr., Castorama), à 48''; 5. Magnien (Castorama), à 1' 16''; 6. Gontchenkov (Ukr., Lampre), à 1' 9''; 7. Arnould (Casto), à 1' 13''; 8. Virenque (Festina), m.t.; 9. Vandenbroucke (Belg., Lotto), à 1' 14''; 10. Capiot (Belg., TVM) à 1' 23''.

TOUR DE ROMANDIE
(3-8 mai)

PROLOGUE À NEUCHATEL: **1. Armand De Las Cuevas** (Castorama), les 5,8 km en 6' 51''; 2. Saligari (It.), à 1''; 3. M. Indurain (Esp.) à 3''.

1re ÉTAPE, Neuchâtel - Le Sentier: **1. Giorgo Furlan** (It., Gewiss-Balan); 2. Saligari (It.); 3. Richard (Suisse).

2e ÉTAPE, Le Sentier - Lausanne: **1. Nicola Minali** (It., Gewiss-Balan); 2. Fidanza (It.); 3. P. Richard (Suisse).

3e ÉTAPE, La Tzoumaz - Bulle: **1. Jan Svoroda** (Slovaquie, Lampre); 2. Fidanza (It.); 3. Saligari (It.).

4e ÉTAPE, contre-la-montre à Bulle: **1. Pascal Richard** (Suisse, GB-MG), les 24 km en 32' 51''; 2. De Las Cuevas, à 22''; 3. Faresin (It.), à 33''; 4. M. Indurain (Esp.), à 37''; 5. Saligari (It.), à 39''.

5e ÉTAPE, Bulle - Genève: 1 . **Nicola Minali** (It., Gewiss-Balan); 2. Svoroda (Slovaquie); 3. Wessmann (All.).

CLASSEMENT FINAL: **1. Pascal Richard** (Suisse, GB-MG), en 22h21' 37''; 2. De Las Cuevas (Casto), à 1' 42''; 3. Hampsten (EU, Motorola), à 2' 53''; 4. Giovannetti (It. Mapei-Clas), à 3' 34''; 5. Saligari (It., GB-MG), à 3' 53''; 6. Rebellin (It., GB-MG), à 4' 26''; 7. Della Santa (It., Mapei-Clas), à 5' 11''; 8. Tonkov (Russie, Lampre), à 5' 45''; 9. Faresin (It., Lampre), à 6' 13''; 10. Gotti (It., Polti), à 6' 29''.

TOUR DUPONT
(5-15 mai aux États-Unis)

ÉTAPES REMPORTÉES PAR: Alcala (Mex., Motorola); Veenstra (PB, Collstrop); Teutenberg (amat. All.); Bauer (Can., Motorola); Verbeken (Belg., Collstrop); Ekimov (Russie, WordPerfect); Pellicioli (It., Polti); Armstrong (EU, Motorola); Peron (It., Polti); Abdoujaparov (Ouzb., Polti); Ekimov (Russie, WordP.).

CLASSEMENT FINAL: **1. Viatcheslav Ekimov** (Russie, WordPerfect), en 47h14' 29''; 2. Armstrong (EU), à 1' 24''; 3. Peron (It.), à 2' 43''; 4. Chiurato (It.), à 2' 46''; 5. Totschnig (Autr.), à 4' 38''; 6. Boxen (EU), à 5' 39''; 7. Julich (EU), à 6' 3''; 8. Ozols (Lett.), à 6' 12''; 9. Alcala (Mex.), à 6' 13''; 10. Baker (EU), à 6' 13''.

TOUR DU TRENTIN
(10-13 mai en Italie)

ÉTAPES REMPORTÉES PAR: Adriano Baffi (It., Mercatone uno); Moreno Argentin (It., Gewiss-Balan); Gianni Faresin (It., Lampre); Maximilian Sciandri (It., GB-MG);

CLASSEMENT FINAL: **1. Moreno Argentin** (It., Gewiss-Balan), en 18h25' 45''; 2. Berzin (Russie), à 19''; 3. Casagrande (It.), à 28''; 4. Pantani (It.), à 31''; 5. Rodriguez (Col.), à 35''; 6. De Las Cuevas (Casto), à 1' 4''; 7. Bartoli (It.), à 1' 35''; 8. Rebellin (It.), à 1' 48''; 9. Chiappucci (It.), à 1' 49''; 10. Zaina (It.), à 1' 59''.

G.P. DE WALLONIE
(12 mai en Belgique)

1. Peter Farazijn (Belg., Lotto), les 194 km en 4h4'; 2. Bolts (All.); 3. Nevens (Belg.), t.m.t.; 4. Kelly (Irl.), à 27''; 5. Henn (All.), m.t.

TOUR DE L'OISE
(13-15 mai)

1re ÉTAPE, Creil - Beauvais: **1. Emmanuel Magnien** (Castorama), les 152 km en 3h3' 40''. 2. Capelle (Gan), m.t.; 3. Capiot, (Belg.), m.t.

2e ÉTAPE, Beauvais - Noyon: **1. Laurent Dufaux** (Suisse, Once), les 190 km en 4h22' 21''; 2. M. De Clercq (Belg.), à 7''; 3. Magnien (Casto), m.t.

3e ÉTAPE, Compiègne - Nogent-sur-Oise: **1. Magnien** (Castorama), les 101 km en 2h16' 48''; 2. Heynderickx (Belg.); 3. Blijlevens (PB), m.t.

4e ÉTAPE, c.l.m. ind., Verneuil-en-Halatte - Senlis: **1. Miguel Indurain** (Esp., Banesto), les 12 km en 15' 1''; 2. Seigneur

(Gan), à 5''; 3. Boardman (GB), à 12''; 4. Nijdam (PB), à 20''; 5. Kasputis (Lituanie), à 35''.

CLASSEMENT FINAL: **1. Miguel Indurain** (Esp., Banesto), en 10 h 29' 4''; 2. Seigneur (Gan), à 2''; 3. Magnien (Casto), à 7''; 4. Boardman (GB), à 12''; 5. Nijdam (PB), à 13''; 6. Marie (Casto), à 31''; 7. Durand (Casto), à 34''; 8. Kasputis (Lituanie), à 35''; 9. Dufaux (Suisse), à 40''; 10. Ledanois (WordP.), à 42''.

TOUR DE COLOGNE
(15 mai)

1. Udo Bölts (All., Telekom), les 209 km en 5 h 20' 10''; 2. Jaermann (Suisse), à 1' 25''; 3. Heppner (All.), m.t.

TOUR DU FRIOUL
(18 mai en Italie)

1. Vladimir Poulnikov (Ukr., Carrera), les 198 km en 5 h 12'; 2. Sörensen (Dan.); 3. Chiesa (It.); 4. Volpi (It.); 5. Settembrini (It.), m.t.

CLASSIQUE DES ALPES
(23 mai)

1. Oliveiro Rincon (Col., Once), les 201 km en 5 h 48' 59''; 2. Roux (Fr.), à 49''; 3. Pensec (Fr.), à 4' 15''; 4. Garcia-Camacho (Esp.), m.t.; 5. Virenque (Fr.), à 5' 30''.

TOUR D'ITALIE
(22 mai - 12 juin)

1re ÉTAPE, PREMIER SECTEUR, en ligne, Bologne - Bologne: **1. Endrio Leoni** (It., Jolly), les 86 km en 2 h 0' 10''; 2. Lombardi (It.); 3. Baffi (It.).

1re ÉTAPE, DEUXIÈME SECTEUR, contre la montre à Bologne: **1. Armand De Las Cuevas** (Fr., Castorama), les 7 km en 7' 52''; 2. Berzin (Rus.), à 2''; 3. M. Indurain (Esp.), à 5''. Leader: De Las Cuevas.

2e ÉTAPE, Bologne - Osimo: **1. Moreno Argentin** (It., Gewiss), les 231 km en 6 h 13' 31''; 2. Ferrigato (It.), à 6''; 3. D. Rebellin (It.), à 8''; Leader: Argentin.

3e ÉTAPE, Osimo - Loreto Aprutino: **1. Gianni Bugno** (It. Polti), les 185 km en 4 h 25' 20''; 2. Zanini (It.), à 2''; 3. D. Rebellin (It.); Leader: Argentin.

4e ÉTAPE, Montesilvano - Campiteilo Matese: **1. Evgueni Berzin** (Rus., Gewiss-Balan), les 204 km en 5 h 33' 37''; 2. Pellicioli (It.), m.t.; 3. Belli (It.), à 17''. Leader: Berzin jusqu'à l'arrivée.

5e ÉTAPE, Campobasso - Melfi: **1. Endrio Leoni** (It., Jolly), les 158 km en 3 h 41' 39''; 2. Baldato (It.); 3. Lombardi (It.).

5e ÉTAPE, Potensa - Caserte: **1. Marco Saligari** (It., GB-MG), les 215 km en 5 h 39' 38''; 2. Ghirotto (It.); 3. Imboden (Suisse).

7e ÉTAPE, Fiuggi - Fiuggi: **1. Laudelino Cubino** (Esp., Kelme), les 119 km en 2 h 56' 12''; 2. Coppolillo (It.), à 1''; 3. Jeker (Suisse), m.t.

8e ÉTAPE, contre-la-montre, Grosseto - Follonica: **1. Evgueni Berzin** (Rus., Gewiss), les 44 km en 50' 46''; 2. De Las Cuevas (Fr.), à 1' 16''; 3. Bugno (It.), à 1' 41''.

GÉNÉRAL: **1. Berzin**; 2. De Las Cuevas, à 2' 16''; 3. Bugno, à 1' 41''; 4. Indurain, à 3' 39''.

9e ÉTAPE, Castiglione Della Pescala - Pontedera: **1. Jan Svoroda** (Slovaquie, Lampre), les 153 km en 3 h 25' 7''; 2. Leoni (It.); 3. Fidanza (It.), m.t.

10e ÉTAPE, Marostica - Marostica: **1. Djamolidine Abdoujaparov** (Ouzb., Lampre), les 115 km en 2 h 33' 7''; 2. Lombardi (It.); 3. Baldato (It.), m.t.

11e ÉTAPE, Marostica - Bibione: **1. Jan Svorada** (Slovaquie, Lampre), les 165 km en 4 h 8' 5''; 2. Abdoujaparov (Ouzb.); 3. Raab (All.), m.t.

12e ÉTAPE, Bibione - Kranj (Slovénie): **1. Andrea Ferrigato** (It., ZG Mobili), les 204 km en 4 h 47' 4''; 2. Baldato (It.); 3. Abdoujaparov (Ouzb.), m.t.

13e ÉTAPE, Kranj - Lienz (Autriche): **1. Michele Bartoli** (It., Mercatone Uno), les 234 km en 5 h 56' 49''; 2. Fontanelli (It.), à 2' 31''; 3. Vanzella (It.), à 2' 59''.

14e ÉTAPE, Lienz - Merano: **1. Marco Pantani** (It., Carrera), les 235 km en 7 h 43' 4''; 2. Bugno (It.), à 40''; 3. Chiappucci (It.).

15e ÉTAPE, Merano - Aprica: **1. Marco Pantani** (It., Carrera), les 188 km en 6 h 55' 58''; 2. Chiappucci (It.), à 2' 52''; 3. Belli (It.), à 3' 27''.

GÉNÉRAL: **1. Berzin**; 2. Pantani, à 1' 18''; 3. Indurain, à 3' 3''; 4. Bugno, à 4' 8''... 6. De Las Cuevas, à 5' 12''.

16e ÉTAPE, Sondrio - Stradella: **1. Maximilian Sciandri** (It., GB-MG), les 220 km en 6 h 24' 36''; 2. Fontanelli (It.); 3. Zaina (It.), t.m.t.

17e ÉTAPE, Santa Maria La Versa - Lavagna: **1. Jan Svorada** (Slovaquie, Lampre), les 200 km en 5 h 26' 4''; 2. Lombardi (It.); 3. Abdoujaparov (Ouzb.), t.m.t.

18e ÉTAPE, contre-la-montre, Chiavari - Paso Del Boco: **1. Evgueni Berzin** (Rus., Gewiss-Balan), les 35 km en 59' 52''; 2. Indurain (Esp.), à 20''; 3. Pantani (It.), à 1' 37''; 4. De Las Cuevas (Fr.), à 2' 4''.

GÉNÉRAL: **1. Berzin**; 2. Pantani, à 2' 53''; 3. Indurain, à 3' 23''; 4. Bugno, à 7' 15''; 5. De Las Cuevas, à 7' 16''.

19e ÉTAPE, Lavagna - Bra: **1. Massimo Ghirotto** (It., ZG), les 212 km en 5 h 23' 50''; 2. Sörensen (Dan.); 3. Podenzana (It.), t.m.t.

20e ÉTAPE, Cuneo - Les Deux-Alpes (Fr.): **1. Wladimir Poulnikov** (Ukraine, Carrera), les 201 km en 6 h 28' 50''; 2. Rodriguez (Col.), m.t.; 3. Conti (It.), à 14''.

21e ÉTAPE, Les Deux-Alpes - Sestrières: **1. Pascal Richard** (Suisse, GB-MG), les 121 km en 3 h 30' 53''; 2. Rué (Fr.), à 1''; 3. Coppolillo (It.), à 1' 31''.

22e ET DERNIÈRE ÉTAPE: Turin - Milan: **1. Stefano Zanini** (It., Navigare), les 196 km en 4 h 5' 38''; 2. Abdoujaparov (Ouzb.); 3. Pagnin (It.), t.m.t.

CLASSEMENT GÉNÉRAL FINAL: **1. Evgueni Berzin** (Rus., Gewiss-Balan), en 100 h 41' 21''; 2. Pantani (It.), à 2' 51''; 3. Indurain (Esp.), à 3' 23''; 4. Tonkov (Rus.), à 11' 16''; 5. Chiappucci (It.), à 11' 58''; 6. Rodriguez (Col.), à 13' 17''; 7. Podenzana (It.), à 14' 35''; 8. Bugno (It.), à 15' 26''; 9. De Las Cuevas (Fr.), à 15' 35''; 10. Hamspten (EU), à 17' 21''.

CLASSEMENT DE LA MONTAGNE: **1. Richard**, 78 pts; 2. Coppolillo, 58; 3. Pantani, 44.

CLASSEMENT PAR POINTS: **1. Abdoujaparov**, 202; 2. Berzin, 182; 3. Bugno, 148.

CLASSEMENT PAR ÉQUIPES: **1. Carrera**, 300 h 25' 56''; 2. Polti, à 24' 55''; 3. Lampre, à 24' 56''.

TOUR D'ARMORIQUE
(23-26 mai)

ÉTAPES REMPORTÉES PAR: Magnien (Fr.); P. De Clercq (Belg.); Kirsipuu (Estonie).

CLASSEMENT FINAL: **1. Emmanuel Magnien** (Fr., Castorama), en 11 h 21' 1''; 2. De Clercq (Belg.), à 14''; 3. Capelle (Fr.), à 24''; 4. Zamana (Pol.), à 25''; 5. Smetanine (Rus.), à 25''; 6. Kelly (Irl.), à 33''.

A TRAVERS LE MORBIHAN
(28 mai)

1. Peter De Clercq (Belg., Lotto), les 199 km en 4 h 38' 1''; 2. F. Simon (Fr.); 3. Pensec (Fr.); 4. Camacho (Esp.); 5. Hervé (Fr.).

TOUR DU LIMBOURG
(29 mai)

1. Marc Wauters (Belg., WordPerfect), les 205 km en 5 h 18'; 2. Hennebert (Belg.), à 6''; 3. Corvers (Belg.), à 1' 25''.

CRITÉRIUM DU *DAUPHINÉ LIBÉRÉ*
(30 mai - 6 juin)

PROLOGUE, À EVIAN: **1. Chris Boardman (GB, Gan)**; 2. Dojwa (Fr.), à 1''; 3. Magnien (Fr.), à 2''.

1re ÉTAPE, Évian - Saint-Priest: **1. Marcel Wust** (All., Novémail); 2. Veenstra (Belg.); 3. Magnien (Fr.). Leader: Boardman.

2e ÉTAPE, Charbonnières - Aubenas: **1. Emmanuel Magnien** (Fr., Castorama); 2. Pensec (Fr.); 3. Zamana (Pol.), t.m.t. Leader: Dojwa.

3e ÉTAPE, c.l.m. à Romans: **1. Chris Boardman** (GB, Gan); 2. Kasputis (Lituanie), à 14''; 3. Dufaux (Suisse), à 1' 14''. Leader: Boardman.

4e ÉTAPE, Romans - Échirolles: **1. Emmanuel Magnien** (Fr., Castorama); 2. Kelly (Irl.); 3. Lemond (EU), t.m.t. Leader: Boardman.

5e ÉTAPE, Échirolles - Le Collet d'Allevard: **1. Pascal Hervé** (Fr., Festina); 2. Pensec (Fr.); 3. Virenque (Fr.), t.m.t. Leader: Dufaux jusqu'à l'arrivée.

6e ÉTAPE, Allevard - Chambéry: **1. Ronan Pensec** (Fr., Novémail); 2. Virenque (Fr.); 3. Roosen (Belg.), t.m.t.

7e ÉTAPE, à Chambéry: **1. Boardman** (GB, Gan); 2. Pensec, à 1' 58''; 3. Dufaux (Suisse), m.t.

CLASSEMENT FINAL: **1. Laurent Dufaux** (Suisse, Once); 2. Pensec, à 55''; 3. Kasputis (Lituanie), à 1' 25''; 4. Rous, à 1' 36''; 5. Hervé, à 1' 39''; 6. Virenque, à 1' 42''; 7. Camacho (Esp.), à 2' 31''; 8. Jonker (PB), à 2' 53''; 9. Caritoux, à 4' 36''; 10. Manin, à 5' 8''.

TOUR DES ASTURIES
(31 mai - 5 juin)

ÉTAPES REMPORTÉES PAR: Skibby (Dan.); Olano (Esp.); Zberg (Suisse); Nelissen (Belg., Novémail); Camargo (Col.); Skibby (Dan.).

CLASSEMENT FINAL: **1. Abraham Olano** (Esp., Mapei-Clas), en 23 h 41' 14''; 2. Delgado (Esp.), à 59''; 3. Casas (Esp.), à 1' 26''; 4. Camargo (Col.), à 1' 31''; 5. Zberg (Suisse), à 2' 19''.

CHAMPIONNAT DE PHILADELPHIE
(5 juin)

1. Sean Yates (GB, Motorola), les 249,6 km en 6 h 4' 25''; 2. Boscardin (It.), à 56''; 3. Walton (Can.), m.t.

TOUR DU LUXEMBOURG
(9-12 juin)

ÉTAPES REMPORTÉES PAR: Hincapie (EU); Ekimov (Rus.); Harmeling (PB); Maassen (PB); Hincapie (EU).

CLASSEMENT FINAL: **1. Frans Maassen** (PB, WordPerfect); 2. Hincapie (Eu) à 7''; 3. Mauri (Esp.), à 59''; 4. Kasputis (Lituanie), à 1' 17''; 5. Jaermann (Suisse), à 1' 13''.

G.P. DU *MIDI LIBRE*
(14-18 juin)

1re ÉTAPE, Caldea Escaldes - Engordany: **1. Pavel Tonkov** (Russie, Lampre), les 92 km en 2 h 20' 25''; 2. Conti (It.); 3. Jonker (PB), t.m.t.

2e ÉTAPE, Pas de la Case - Castelnaudary: **1. Frédéric Moncassin** (Fr., WordPerfect), les 201 km en 4 h 49' 50''; 2. Durand (Fr.); 3. Svorada (Slovaquie), t.m.t.

3e ÉTAPE, Castelnaudary - Saint-Affrique: **1. Laurent Desbiens** (Fr., Castorama), les 162 km en 4 h 0' 39''; 2. Hervé (Fr.), m.t.; 3. Manin (Fr.), à 1' 14''.

4e ÉTAPE, 1er SECTEUR, Saint-Affrique - Le Vigan: **1. Jean-Paul Van Poppel** (PB, Festina), les 95,5 km en 2 h 15' 28''; 2. Maassen (PB); 3. Den Bakker (PB), t.m.t.

4e ÉTAPE, 2e SECTEUR, Le Vigan - Montpellier: **1. Wiebren Veenstra** (PB, Collstrop), les 92 km en 2 h 14' 12''; 2. Moncassin (Fr.); 3. Van Poppel (PB), t.m.t.

5e ÉTAPE, Montpellier - Sète: **1. Laurent Jalabert** (Fr., Once), les 197 km en 4 h 59' 10''; 2. Tonkov (Russie), à 4''; 3. Conti (It.), à 12''.

CLASSEMENT GÉNÉRAL FINAL: **1. Jan Svorada** (Slovaquie, Lampre), en 20 h 47' 25''; 2. Tonkov (Russie), à 2' 23''; 3. Conti (It.), à 2' 42''; 4. Desbiens (Fr.), à 6' 5''; 5. Simon (Fr.), à 6' 18''; 6. Jonker (PB), à 6' 20''; 7. Caritoux (Fr.), à 6' 31''; 8. Arroyo (Mex.), à 6' 36''; 9. Rous (Fr.), à 6' 37''; 10. Voskamp (PB), à 6' 41''.

TOUR DE SUISSE
(14-23 juin)

ÉTAPES REMPORTÉES PAR: Pierobon (It.); Lombardi (It.); Kappes (All.); Richard (Suisse); Saligari (It.); Boardman (GB).

CLASSEMENT FINAL: **1. Pascal Richard** (Suisse, GB/MG), en 41 h 32' 28''; 2. Poulnikov (Ukr.), à 1' 2''; 3. Pierobon (It.), à 1' 4''; 4. Imboden (Suisse), à 1' 26''; 5. Massi (It.), à 2' 23''.

BICICLETA VASCA
(15-19 juin en Espagne)

ÉTAPES REMPORTÉES PAR: Leblanc (Fr.), Fagnini (It.), Berzin (Russie), Bugno (It.), Berzin (Russie).

CLASSEMENT FINAL: **1. Stephano Della Santa** (It., Mapei-Clas), en 22 h 22' 12''; 2. Berzin (Russie), m.t.; 3. Rebellin (It.), à 37''; 4. Totschnig (Autr.), à 42''; 5. Podenzana (It.), à 1' 34''.

TOUR DES VALLÉES MINIÈRES
(20-23 juin en Espagne)

ÉTAPES REMPORTÉES PAR: Fontanelli (It.); Arenas (Esp.); Hernandez (Esp.); Uriarte (Esp.).

CLASSEMENT FINAL: **1. Massimo Ghirotto** (It., ZG), en 15 h 6' 18''; 2. Casagrande (It.), à 4''; 3. Bartoli (It.), à 8''.

ROUTE DU SUD
(20-23 juin)

ÉTAPES REMPORTÉES PAR: Kasputis (Lit.); P. De Clercq (Belg.); Virenque (Fr.); Duclos-Lassalle (Fr.); Saitov (Russie).

CLASSEMENT FINAL: **1. Alvaro Mejia** (Col., Motorola), en 18 h 11' 25"; 2. Virenque (Fr.), à 9"; 3. Mottet (Fr.), à 12"; 4. Jonker (PB), à 1' 13"; 5. Lebreton (Fr.).

CHAMPIONNATS NATIONAUX
(26 juin)

FRANCE: **1. Jacky Durand** (Castorama), les 225 km en 6 h 7' 52"; 2. Moncassin; 3. Capelle; 4. Jalabert; 5. De Las Cuevas; 6. Hervé. 7. Caritoux; 8. Magnien; 9. Pensec; 10. Jarno, t.m.t.

ITALIE: **1. Massimo Podenzana** (Navigare), les 244 km en 6 h 6' 35"; 2. Casagrande, à 3' 17"; 3. Faresin, m.t.

ESPAGNE: **1. Abraham Olano** (Mapei-Clas), les 239 km en 6 h 4' 19"; 2. Edo; 3. Mauri, t.m.t.

BELGIQUE: **1. Wilfried Nelissen** (Novémail-Laser), les 208 km en 5 h 29' 12"; 2. Van Haecke; 3. Verbeken, t.m.t.

PAYS-BAS: **1. Steven Rooks** (TVM), les 230 km en 5 h 39' 28"; 2. Theunisse, à 9"; 3. Vermey, à 13".

SUISSE-ALLEMAGNE: **1. Jens Heppner** (All., Telekom), les 220 km en 5 h 51' 3"; 2. Henn (All.), à 1' 08"; 3. Puttini (champion suisse), à 1' 14".

RUSSIE: **1. Romes Gaïnetdinov** (Alex-Rotator), les 208 km en 5 h 49' 18"; 2. Gorgos, à 3' 36"; 3. Botchkov, m.t.

CHAMPIONNATS DE FRANCE SUR ROUTE INDIVIDUELS À FONTENAY-LE-VICOMTE
(25 juin)

1. Sébastien Médan (VC Lyon Vaux-en-Velin), les 180 km en 4 h 12' 3"; 2. J.-J. Henry (ASCM Toulon), à 2"; 2. Nazon (Vendée U); 4. Duracka (Auv.); 5. R. Henry (Bret.).

DAMES: **1. Chantal Gorostegui** (Anglet), les 75 km en 1 h 59' 27"; 2. Hugi-Messori (Dauph.), à 3"; 3. Marsal (Lorr.), 30".

TOUR DE FRANCE
(2-24 juillet)

PROLOGUE À LILLE (7,2 km c.l.m.) **1. Chris Boardman** (GB, Gan), 7' 49" 973; 2. Indurain (Esp.), à 15"; 3. Rominger (Suisse), à 19"; 4. Zülle (Suisse), à 22"; 5. De Las Cuevas, à 24".

1re ÉTAPE (Lille - Armentières): **1. Djamolidine Abdoujaparov** (Ouzb., Polti), les 234 km en 5 h 46' 16"; 2. Ludwig (All.); 3. Museeuw (Belg.); 4. Martinello (It.); 5. Tchmil (Russie). Leader: Boardman (GB, Gan).

2e ÉTAPE (Roubaix - Boulogne-sur-Mer): **1. Jean-Paul Van Poppel** (PB, Festina), les 203,5 km en 5 h 5' 40"; 2. Ludwig (All.); 3. Martinello (It.); 4. F. Simon (Fr.); 5. Museeuw (Belg.). Leader: Chris Boardman (GB, Gan).

3e ÉTAPE (Calais - Eurotunnel) (66,5 km c.l.m. par équipes): **1. GB-MG Technogym**, les 66,5 km en 1 h 20' 31"; 2. Motorola, à 6"; 3. Banesto, à 18"; 4. Castorama, à 27"; 5. Mapei-Clas, à 42".

CLASSEMENT GÉNÉRAL: **1. Johan Museeuw** (Belg., GB-MG); 2. Indurain (Esp.), à 10"; 3. Sörensen (Dan.), à 19".

4e ÉTAPE (Douvres - Brighton): **1. Francisco Cabello** (Esp., Kelme), les 204 km en 5 h 12' 53"; 2. Magnien (Fr.), à 20"; 3. Vanzella (It.) m.t.; 4. Boardman (GB), à 33"; 5. Zaina (It.) m.t. Leader: Flavio Vanzella (It., GB-MG).

5e ÉTAPE (Portsmouth - Portsmouth): **1. Nicola Minali** (It., Gewiss), les 187 km en 4 h 10' 49"; 2. Ludwig (All.); 3. Martinello (It.); 4. Svorada (Slovaquie); 5. Abdoujaparov (Ouzb.). Leader: Flavio Vanzella (It., GB-MG).

6e ÉTAPE (Cherbourg - Rennes): **1. Gianluca Bortolami** (It., Mapei-Clas), les 270,5 km en 6 h 58' 47"; 2. Abdoujaparov (Ouzb.), à 2"; 3. Zberg (Suisse); 4. Bontempi (It.); 5. Heppner (All.) t.m.t. Leader: Sean Yates (GB, Motorola).

7e ÉTAPE (Rennes - Futuroscope): **1. Jan Svorada** (Slovaquie, Lampre), les 259,5 km en 5 h 56' 50"; 2. Abdoujaparov (Ouzb.); 3. Ludwig (All.); 4. Minali (It.); 5. Capelle (Fr.). Leader: Johan Museeuw (Belg., GB-MG).

8e ÉTAPE (Poitiers - Trélissac): **1. Bo Hamburger** (Dan., TVM), les 218,5 km en 5 h 9' 27"; 2. Camargo (Col.), à 1"; 3. Aldag (All.), à 5"; 4. Leblanc, m.t.; 5. Magnien, à 2' 16". Leader: Johan Museeuw (Belg., GB-MG).

9e ÉTAPE (Périgueux - Bergerac) (64 km c.l.m. ind.): **1. Miguel Indurain** (Esp., Banesto), les 64 km en 1 h 15' 58"; 2. Rominger (Suisse), à 2'; 3. De Las Cuevas, à 4' 22"; 4. Marie, à 4' 45"; 5. Boardman (GB), à 5' 27". Leader: Miguel Indurain (Esp., Banesto) jusqu'à la fin.

10e ÉTAPE (Bergerac - Cahors): **1. Jacky Durand** (Fr., Castorama), les 160,5 km en 3 h 38' 11"; 2. Serpellini (It.), à 55"; 3. Hodge (Austr.), à 59"; 4. Bortolami (It.); 5. Henn (All.) t.m.t.

CLASSEMENT GÉNÉRAL: **1. Miguel Indurain** (Esp., Banesto); 2. Rominger (Sui.), à 28"; 3. Bortolami (It.), à 4' 37".

11e ÉTAPE (Cahors - Lourdes Hautacam): **1. Luc Leblanc** (Fr., Festina), les 263,5 km en 6 h 58' 4"; 2. Indurain (Esp.), à 2"; 3. Pantani (It.), à 18"; 4. Virenque, à 56"; 5. De Las Cuevas, à 58".

12e ÉTAPE (Lourdes - Luz-Ardiden): **1. Richard Virenque** (Fr., Festina), les 204,5 km en 6 h 8' 32"; 2. Pantani (It.), à 4' 34"; 3. Pellicioli (It.), à 5' 52"; 4. Rodriguez (Col.), à 7' 2"; 5. Pulnikov (Ukr.), à 7' 42".

13e ÉTAPE (Bagnères - Albi): **1. Bjärn Riis** (Dan., Gewiss), les 223 km en 5 h 14' 48"; 2. Svorada (Slovaquie), à 9"; 3. Abdoujaparov (Ouzb.); 4. Martinello (It.); 5. Capelle (Fr.).

CLASSEMENT GÉNÉRAL: **1. Miguel Indurain** (Esp., Banesto); 2. Virenque (Fr.), à 7' 56"; 3. De Las Cuevas (Fr.), à 8' 02".

14e ÉTAPE (Castres - Montpellier): **1. Rolf Sörensen** (Dan., GB-MG), les 202 km en 5 h 11' 4"; 2. Stephens (Austr., Once) m.t.; 3. Jaermann (Suisse), à 1' 13"; 4. Ghirotto (It.) m.t.; 5. Hervé (Fr.), à 1' 15".

15e ÉTAPE (Montpellier - Carpentras): **1. Eros Poli** (It., Mercatone Uno), les 231 km en 6 h 31' 59"; 2. Elli (It.), à 3' 39"; 3. Lino (Fr.) m.t.; 4. Conti (It.), à 3' 41"; 5. Virenque (Fr.), à 4'.

16e ÉTAPE (Valréas - L'Alpe-d'Huez): **1. Roberto Conti** (It., Lampre), les 224,5 km en 6 h 6' 45"; 2. Buenahora (Col.), à 2' 2"; 3. Bolts (All.), à 3' 49"; 4. Elli (It.) m.t.; 5. Perini (It.), à 4' 3".

CLASSEMENT GÉNÉRAL: **1. Miguel Indurain** (Esp., Banesto); 2. Virenque (Fr.), à 7' 21"; 3. Leblanc (Fr.), à 8' 35".

17e ÉTAPE (Bourg-d'Oisans - Val-Thorens): **1. Nelson Rodriguez** (Col., ZG), les 149 km en 5 h 13' 52"; 2. Ugrumov (Lett.), à 3"; Pantani (It.), à 1' 8"; 4. Virenque (Fr.), à 2' 37"; 5. Indurain (Esp.).

CLASSEMENT GÉNÉRAL: **1. Miguel Indurain** (Esp., Banesto); 2. Virenque (Fr.), à 7' 21"; 3. Pantani (It.), à 8' 11".

18e ÉTAPE (Moutiers - Cluses): **1. Piotr Ugrumov** (Lett., Gewiss), les 174,5 km en 4 h 52' 19"; 2. Indurain (Esp.), à 39"; 3. Virenque (Fr.), à 2' 40"; 4. Escartin (Esp.), à 3' 25"; 5. Pantani (It.), m.t.

CLASSEMENT GÉNÉRAL: **1. Miguel Indurain** (Esp., Banesto); 2. Virenque (Fr.), à 7' 22"; 3. Ugrumov (Lett.), à 8' 55".

19e ÉTAPE (Cluses - Avoriaz): (47,5 km c.l.m.) **1. Piotr Ugrumov** (Lett., Gewiss), les 47,5 km en 1 h 22' 59"; 2. Pantani (It.), à 1' 38"; 3. Indurain (Esp.), à 3' 16"; 4. Leblanc (Fr.), à 3' 50"; 5. Mottet (Fr.), à 4' 12".

CLASSEMENT GÉNÉRAL: **1. Miguel Indurain** (Esp., Banesto); 2. Ugrumov (Let.), à 39"; 3. Pantani (It.), à 7' 19".

20e ÉTAPE (Morzine - Lac Saint-Point): **1. Djamolidine Abdoujaparov** (Ouzb., Polti), les 208,5 km en 5 h 50' 37"; 2. Svorada (Slovaquie); 3. Martinello (It.); 4. Anderson (Austr.); 5. Riis (Dan.).

21e ÉTAPE (Eurodisneyland - Champs-Élysées): **1. Eddy Seigneur** (Gan), les 175 km en 4 h 43' 34"; 2. Hamburger (Dan.), à 3"; 3. Andreu (EU), à 6"; 4. Muller (Suisse); 5. Kasputis (Lit.) t.m.t.

CLASSEMENT GÉNÉRAL FINAL: **1. Miguel Indurain** (Esp., Banesto) en 103 h 38' 38"; 2. P. Ugrumov (Lett., Gewiss), à 5' 39"; 3. M. Pantani (It., Carrera), à 7' 19"; 4. L. Leblanc (Fr., Festina), à 10' 3"; 5. R. Virenque (Fr., Festina), à 10' 10"; 6. R. Conti (It., Lampre), à 12' 29"; 7. A. Elli (It., GB-MG), à 20' 17"; 8. A. Zülle (Suisse, Once), à 20' 35"; 9. U. Bolts (All., Telekom), à 25' 19"; 10. V. Pulnikov (Ukr., Carrera), à 25' 28"; 11. P. Lino (Fr., Festina), à 26' 1"; 12. F. Escartin (Esp., Mapei), à 30' 38"; 13. G. Bortolami (It., Mapei), à 32' 35"; 14. B. Riis (Dan., Gewiss), à 33' 32"; 15. O. Pellicioli (It., Polti), à 34' 55"; 16. N. Rodriguez (Col., ZG), à 35' 18"; 17. J.-F. Bernard (Fr., Banesto), à 36' 44"; 18. H. Buenahora (Col., Kelme), à 38'; 19. R. Sörensen (Dan., Gewiss), à 42' 39"; 20. B. Hamburger (Dan., TVM) à 43' 44"... 22. E. Caritoux (Fr., Chazal), à 47' 19"... 26. Ch. Mottet (Fr., Novémail), à 51' 44".

117 arrivants

CLASSEMENT PAR POINTS: **1. Djamolidine Abdoujaparov** (Ouz., Polti), 322 points; 2. Martinello (It., Mercatone), 273 pts; 3. Svorada (Slov., Lampre), 230 pts.

CLASSEMENT DU GRIMPEUR: **1. Richard Virenque** (Festina), 392 pts; 2. Pantani (It., Carrera), 243 pts; 3. Ugrumov (Let., Gewiss), 219 pts.

CLASSEMENT PAR ÉQUIPES: 1. Festina (Andorre), 311 h 28' 53"; 2. Gewiss-Balan (It.), à 42' 57"; 3. Mapei/Clas (It.), à 44' 38".

CLASSEMENT DES JEUNES: **1. Marco Pantani** (It., Carrera, 24 ans); 2. Virenque (Festina, 25 ans), à 2' 51"; 3. Hamburger (Dan., TVM, 24 ans), à 36' 25".

TOUR DE BURGOS
(30 juillet-4 août en Espagne)

ÉTAPES REMPORTÉES PAR: Schiavina (It.) 3, De Las Cuevas 2, Tchmil (Rus.).

CLASSEMENT FINAL: **1. Armand De Las Cuevas** (Fr., Castorama), en 28 h 47' 15"; 2. Cubino (Esp.), à 57"; 3. Van De Laer (Belg.), à 1' 35"; 4. Poulnikov (Rus.), à 2' 14"; 5. Breukink (PB), à 2' 15".

CLASICA SAN SEBASTIAN
(6 août en Espagne)

1. Armand De Las Cuevas (Fr., Castorama), les 238 km en 5 h 24' 44"; 2. Armstrong (EU), à 1' 56"; 3. Della Santa (It.), à 1' 57"; 4. Poulnikov (Rus.), à 2' 3"; 5. Tchmil (Rus.), à 2' 9"; 6. Bortolami (It.); 7. Ruiz-Cabestany (Esp.); 8. Uriarte (Esp.); 9. Edo (Esp.); 10. Bugno (It.).

COUPE DU MONDE
(après six épreuves)

1. Andreï Tchmil, 115 pts; 2. Museeuw, 90; 3. Furlan, 75; 4. Armstrong, 70; 5. Baldato, 67.

TOUR DE GRANDE-BRETAGNE
(8-12 août)

ÉTAPES REMPORTÉES PAR: Fondriest (It.) 2, Veenstra (PB), Tchmil (Rus.), Ludwig (All.), Svorada (Slovaquie).

CLASSEMENT FINAL : **1. Maurizio Fondriest** (It., Lampre), en 20 h 54'; 2. Ekimov (Rus.), à 21"; 3. Ludwig (All.), à 27"; 4. Svorada (Squ.), à 46"; 5. Aldag (All.), à 53".

TOUR DE GALICE
(8-12 août en Espagne)

ÉTAPES REMPORTÉES PAR: Cubino (Esp.), Schiavina (It.) 2, Chiappucci (It.), Leblanc (Fr.).

CLASSEMENT FINAL : **1. Laudelino Cubino** (Esp., Kelme), en 20 h 30' 45"; 2. Chiappucci (It.), à 7"; 3. Della Santa (It.), à 41".

LEEDS INTERNATIONAL CLASSIC
(14 août en Grande-Bretagne)

1. Gianluca Bortolami (It., Mapei), les 231 km en 6 h 3' 29"; 2. Ekimov (Rus.), m.t.; 3. Hamburger (Dan.), à 11"; 4. Andreu (EU); 5. Dufaux (Suisse); 6. Ghirotto (It.); 7. Sciandri (It.); 8. Faresin (It.); 9. Swart (NZ); 10. Vanzella (It.), à 15".

COUPE DU MONDE
(après sept épreuves)

1. Andreï Tchmil, 115 pts; 2. Museeuw, 90; 3. Furlan, 75.

TOUR DES PAYS-BAS
(15-19 août)

ÉTAPES REMPORTÉES PAR: Konichev (Rus.), Abdoujaparov (Ouzb.) 2, Veenstra (PB), Bottaro (It.) c.l.m., Skibby (Dan.).

CLASSEMENT FINAL : **1. Jesper Skibby** (Dan., TVM), en 21 h 23' 25"; 2. Abdoujaparov (Ouzb.), à 7"; 3. Bottaro (It.), à 22"; 4. Ekimov (Rus.), à 35"; 5. Knaven (PB), à 36".

TOUR DU LIMOUSIN
(16-19 août)

ÉTAPES REMPORTÉES PAR: Heppner (All.), Durand (Fr.) 2, Bouwmans (PB).

1. Jens Heppner (All., Telekom), en 17 h 12' 48"; 2. Cornillet (Fr.); 3. Roux (Fr.); 4. Lebreton (Fr.); 5. Garel (Fr.), t.m.t.

COPPA BERNOCCHI
(16 août en Italie)

1. Bruno Cenghialta (It., Gewiss), les 209 km en 4 h 59' 51"; 2. Casagrande (It.), à 8"; 3. Tafi (It.), m.t.

COPPA AGOSTONI
(17 août en Italie)

1. Oscar Pellicciolі (It., Polti), les 204 km en 4 h 52' 30"; 2. Furlan (It.), à 04"; 3. Ghirotto (It.), m.t.

TROIS VALLÉES VARÉSIENNES
(18 août en Italie)

1. **Claudio Chiappucci** (It., Carrera), les 209 km en 5h13' 46''; 2. Bobrik (Rus.), m.t.; 3. Zanini (It.), à 39''.

CHAMPIONNAT DE ZURICH
(21 août en Suisse)

1. **Gianluca Bortolami** (It., Mapei), les 243 km en 6 h 14' 11''; 2. Museeuw (Belg.); 3. Fondriest (It.); 4. Chiappucci (It.); 5. Riis (Dan.); 6. Puttini (It.); 7. Richard (Suisse); 8. Furlan (It.); 9. Armstrong (EU); 10. Casagrande (It.), t. m. t.

COUPE DU MONDE
(après huit épreuves)

1. **Johan Museeuw**, 125 pts; 2. Bortolami, 116; 3. Tchmil, 115.

G.P. DE PLOUAY
(23 août)

1. **Andreï Tchmil** (Rus., Lotto), les 209 km en 4h55' 2''; 2. Virenque (Fr.), à 55''; 3. Heppner (All.), m.t.; 4. Cornillet (Fr.), m.t.; 5. Hervé (Fr.), à 1' 15''; 6. Pensec (Fr.), à 1' 28''; 7. Brochard (Fr.), m.t.; 8. Vasseur (Fr.), m.t.; 9. Teyssier (Fr.), à 4' 4''; 10. Rous (Fr.), à 4' 14''.

CHAMPIONNATS DU MONDE

PISTE

(16-21 août à Palerme)

KILOMÈTRE: **1. Rousseau** (Fr.), 1' 3'' 163; 2. Hartwell (EU), 1' 3'' 795; 3. Kelly (Austr.), 1' 03'' 846.

VITESSE MESSIEURS, FINALE: **Nothstein** (EU) bat Hill (Austr.). 3e place: Hübner (All.) bat Fiedler (All.).

TANDEM, FINALE: **Colas-Magné** (Fr.) b. Raasch-Glucklich (All.).

POURSUITE INDIVIDUELLE: **Boardman** (GB), 4' 27'' 742, bat Moreau (Fr.).

DEMI-FINALES: **Moreau** bat Fulst (All.), 4' 33'' 73; **Boardman** bat Lehmann (All.).

POURSUITE PAR ÉQUIPES: **Allemagne**, 4' 15'' 668, b. États-Unis, 4' 17'' 372.

3e place: Australie b. France (Bos, Ermenault, Monin, Moreau).

COURSE AUX POINTS: **1. Risi** (Suisse), 35 points; 2. Petersen (Dan.), 18; 3. Stocher (Autr.), 14, à un tour.

KEIRIN: **1. Nothstein** (EU), 11''270; 2. Hübner (All.); 3. Paris (It.).

DEMI-FOND: **1. Podlesch** (All.); 2. Konigshofer (Autr.); 3. Tresin (It.).

VITESSE DAMES: **Enioukhina** (Rus.) b. Ballanger (Fr.) en trois manches.

POURSUITE DAMES: **Clignet** (Fr.), 3' 43'' 399, b. Samohvalova (Rus.), 3' 50'' 898.

DEMI-FINALES DAMES: **Samohvalova** b. Eichkoff (EU), Clignet b. Belluti (It.).

COURSE AUX POINTS DAMES: **1. Haringa** (PB), 24; 2. Samohvalova (Rus.), 18; 3. Gorojanskaja (Biélo.), 16.

AMATEURS

100 KM CLM PAR ÉQUIPES
(21 août à Palerme)

1. **Italie**, en 1 h 57' (moyenne: 51,093 km/h); 2. France (Anti, Bozzi, Deramé, Ch. Moreau), à 2' 48''; 3. Allemagne à 3' 1''; 4. Suède, à 3' 52''; 5. Suisse, à 4' 25''.

ROUTE
(23 août à Capo d'Orlando)

1. **Alex Pedersen** (Dan.), les 197 km en 4 h 24' 38''; 2. Dvorscik (Slovaquie); 3. Mengin (Fr.); 4. Pianegonda (It.); 5. Medan (Fr.); t.m.t.

FEMMES

50 KM PAR ÉQUIPES
(21 août à Capo d'Orlando)

1. **Russie**, en 1 h 44' 55'' (moyenne: 46,397 km/h); 2. Lituanie, à 44''; 3. États-Unis, à 58''.

ROUTE
(23 août à Capo d'Orlando)

1. **Monica Valvik** (Norv.), les 86 km en 2h8' 3''; 2. Maegerman (Belg.); 3. Golay (EU)... 9. Longo (Fr.).

CONTRE-LA-MONTRE INDIVIDUEL
(25 août à Catane)

1. **Karen Kurreck** (EU), les 29,6 km en 38' 22'' (moyenne: 46,899 km/h); 2. Samplonius (Can.), à 44''; 3. Longo (Fr.), à 1' 21''.

OPEN

CONTRE-LA-MONTRE INDIVIDUEL
(25 août à Catane)

1. **Chris Boardman** (GB), les 42 km en 49' 34'' (moyenne: 50,832 km/h); 2. Chiurato (It.), à 48''; 3. Ullrich (All. amat.), à 1' 50''; 4. Breukink (PB), à 2' 2''; 5. Olano (Esp.), à 2' 16''... 7. Marie (Fr.), à 2' 31''.

PROFESSIONNELS

(28 août à Agrigente)

1. **Luc Leblanc** (Fr.), les 251,8 km en 6h33' 54'' (moyenne: 38,347 km/h); 2. Chiappucci (It.), à 9''; 3. Virenque (Fr.); 4. Ghirotto (It.), t.m.t.; 5. Konichev (Russie), à 15''; 6. Sörensen (Dan.), à 42''; 7. Armstrong (EU), à 48''; 8. Cubino (Esp.), à 52''; 9. Riis (Dan.), m.t.; 10. Ugrumov (Lett.), à 59''; 11. De Las Cuevas (Fr.), à 1' 4''... 13. Madouas (Fr.), à 1' 40''... 19. Heulot (Fr.)...

*

TROPHÉE DES GRIMPEURS
(4 septembre)

1. **Richard Virenque** (Fr., Festina), les 85,5 km en 2h13' 43''; 2. Sunderland (Aus.), m.t.; 3. Rous (Fr.), à 2''; 4. Millar (GB), à 9''; 5. Madouas (Fr.), à 15''.

TOUR DE L'AVENIR
(6-16 septembre)

ÉTAPES REMPORTÉES PAR: Seigneur (Fr.), Zabel (All.), 4, McEwen (Aus.), Den Bakker (PB), Blijlevens (PB), Ziegler (Fr.), Bloy (Fr.), Steels (Bel.), Rous (Fr.).

CLASSEMENT FINAL: **1. Angel Casero** (Esp.), 37h32' 36''; 2. Den Bakker (PB), à 15''; 3. Bouyer (Fr.), à 53''; 4. Rous (Fr.), à 56''; 5. Heulot (Fr.), à 1' 27''.

TOUR DE CATALOGNE
(8-14 septembre)

ÉTAPES REMPORTÉES PAR: Olano (Esp.), Biasci (It.), 2, Chiappucci (It.), Jalabert (Fr.), Donati (It.), Garmendia (Esp.).

CLASSEMENT FINAL: **1. Claudio Chiappucci** (It., Carrera), 25h22' 31''; 2. Escartin (Esp.), à 21''; 3. Delgado (Esp.), à 30''; 4. Belli (It.), à 1' 04''; 5. Sanchez (Esp.), à 1' 10''.

G.P. DE FOURMIES
(11 septembre)

1. **Andrea Tafi** (It., Mapei), les 210 km en 5h4' 30''; 2. Bortolami (It.), à 9''; 3. Gorini (It.), à 11''; 4. Traversoni (It.); 5. Fidanza (It.), t.m.t.

G.P. EDDY-MERCKX
(11 septembre)

1. **Tony Rominger** (Suisse, Mapei), les 63 km en 1h19' 37''; 2. Lance (Fr.), à 28''; 3. Chiurato (It.), à 58''; 4. Aldag (All.), à 1' 3''; 5. Marie (Fr.), à 1' 44''.

PARIS-BRUXELLES
(14 septembre)

1. **Rolf Sörensen** (Dan., GB-MG), les 257 km en 5h40' 30''; 2. Ballerini (It.), à 10''; 3. Yates (GB), à 17''; 4. Museeuw (Bel.), à 1' 5''; 5. Planckaert (Bel.); 6. Tchmil (Russie); 7. Van der Poel (PB); 8. Moncassin (Fr.); 9. Moreau (Fr.); 10. Bartoli (It.), t.m.t.

TOUR DU LATIUM
(17 septembre)

1. **Maurizio Fondriest** (It., Lampre), les 206 km en 5h34' 1''; 2. Sciandri (It.); 3. Lecchi (It.); 4. Bortolami (It.); 5. Konyshev (Russie), t.m.t.

G.P. D'ISBERGUES
(18 septembre)

1. **Wilfried Nelissen** (Bel., Novémail), les 207 km en 5h7' 48''; 2. Yates (GB), m.t.; 3. Bouvatier (Fr.), à 33''; 4. Vermote (Bel.), à 40''; 5. Moncassin (Fr.), à 2' 6''.

MILAN-VIGNOLA
(21 septembre)

1. **Angelo Lecchi** (It., Brescialat), les 199 km en 4h58'; 2. Delion (Fr.); 3. Sciandri (It.); 4. Tafi (It.); 5. Gianetti (It.), t.m.t.

G.P. DES NATIONS
(24 septembre)

1. **Tony Rominger** (Suisse, Mapei), les 84,5 km c. l. m. en 1h47' 41''; 2. Moreau (Fr.), à 3' 48''; 3. Marie (Fr.), à 4' 13''; 4. Lance (Fr.), à 4' 29''; 5. Mottet (Fr.), à 6' 20''; 6. Boardman (GB), à 7' 10''; 7. Meinert (Dan.), à 7' 13''; 8. Lesniewski (Pol), à 8' 15''; 9. Hodge (Aus.), à 8' 27''; 10. Chiurato (It.), à 8' 53''.

TOUR D'ÉMILIE
(24 septembre)

1. **Francesco Casagrande** (It., Mercatone Uno), les 208 km en 5h20' 07''; 2. Fondriest (It.); 3. Cassani (It.); 4. Lecchi (It.); 5. Belli (It.), t.m.t.

COPPA PLACCI
(25 septembre)

1. **Angelo Lecchi** (It., Brescialat), les 199 km en 5h5' 4''; 2. Casagrande (It.); 3. Furlan (It.); 4. Chiappucci (It.); 5. Tafi (It.), t.m.t.

COPPA SABATINI
(27 septembre)

1. **Maurizio Fondriest** (It. Lampre), les 207 km en 5 h 5'59'' ; 2. Casagrande (It.) ; 3. Chiappucci (It.) ; 4. Bobrik (Rus.) ; 5. Skibby (Dan.), t.m.t.

PARIS-BOURGES
(30 septembre)

1. **Lars Michaelsen** (Dan., Catavana-Corbeil), les 209 km en 4 h 16'17'' ; 2. Meinert (Dan.), à 2'' ; 3. Van Hooydonck (Bel.), à 22'' ; 4. Bouyer (Fr.) ; 5. Rampolo (It.), t.m.t.

COUPE DE FRANCE
(classement final)

1. **Ronan Pensec** (Novémail), 130 pts ; 2. Virenque, 117 ; 3. Brochard, 101 ; 4. Delion, 80 ; 5. Aubier, 69.

PARIS-TOURS
(2 octobre)

1. **Erik Zabel** (All., Telekom), les 250 km en 6 h 15'37'' ; 2. Bortolami (It.) ; 3. Spruch (Pol.) ; 4. Cipollini (It.) ; 5. Van der Poel (PB) ; 6. Bauer (Can.) ; 7. Fidanza (It.) ; 8. Jalabert (Fr.) ; 9. Nelissen (Bel.) ; 10. Van Steen (PB), t.m.t.

COUPE DU MONDE
(après neuf épreuves)

1. **Gianluca Bortolami** (It.), 151 pts ; 2. Museeuw (Bel.), 125 ; 3. Tchmil (Rus.), 115.

MILAN-TURIN
(5 octobre)

1. **Francesco Casagrande** (It., Mercatone Uno), les 206 km en 5h3'11''; 2. Gianetti (Sui), m.t.; 3. Jaskula (Pol.), à 3''; 4. Belli (It.); 5. Richard (Sui), t.m.t.

TOUR DU PIÉMONT
(6 octobre)

1. **Nicola Miceli** (It., Carrera), les 193 km en 4h33'17''; 2. R. Petito (It.), m.t.; 3. Meinert (Dan.), à 6''; 4. Peron (It.), m.t.; 5. Jalabert (Fr.), à 10''.

TOUR DE LOMBARDIE
(8 octobre)

1. **Vladislav Bobrik** (Rus., Gewiss), les 244 km en 6h3'21''; 2. Chiappucci (It.), à 2''; 3. Richard (Sui), à 3''; 4. Konyshev (Rus.), à 25''; 5. Fondriest (It.); 6. Cassani (It.), t.m.t.; 7. Riis (Dan.), à 30''; 8. Bölts (All.); 9. Gianetti (Sui), t.m.t.; 10. Den Bakker (P.-B.), à 36''.

COUPE DU MONDE
(classement final)

1. **Gianluca Bortolami** (It., Mapei), 151 pts; 2. Museeuw (Bel.), 125; 3. Tchmil (Rus.), 115; 4. Chiappucci (It.), 89; 5. Furlan (It.), 87; 6. Armstrong (É.-U.), 80; 7. Bugno (It.), 63; 8. Zabel (All.), Ballerini (It.), 50 ; 10. Cenghialta (It.), 45.

Par équipes : 1. GB-MG (It.), 89 pts; 2. Motorola (É.-U.), 53; 3. Gewiss (It.), 51; Mapei (It.), 45; 5. TVM (P.-B.), 41.

Impression et reliure : Pollina s.a., 85400 Luçon - n° 65448 — Dépôt légal : octobre 1994